KB143550

성격대로 키우는
부모학교

함께 생각을 담은 호시담연구소 사람들

이윤경
서울대학교 임상심리전공 석사
한국임상심리학회 임상심리전문가

조희진
한성대학교 상담심리전공 석사
한국 MBTI 연구소 일반강사

김빈나
서울대학교 교육상담전공 석사

호이야
(주)호시담 디자이너

성격대로 키우는 부모학교

초판 1쇄 인쇄 2020년 10월 7일
초판 1쇄 발행 2020년 10월 14일

지은이 조수연

발행인 장상진
발행처 (주)경향비피
등록번호 제2012-000228호
등록일자 2012년 7월 2일

주소 서울시 영등포구 양평동 2가 37-1번지 동아프라임밸리 507-508호
전화 1644-5613 | **팩스** 02) 304-5613

ISBN 978-89-6952-431-7 03370

성격대로 키우는 부모학교

부모와 아이의 MBTI 성격 유형으로 본 맞춤형 육아법

조수연 지음

경향BP

나는 누군가의
환경이다

오후 5시. 엄마가 저녁을 준비하러 주방으로 가면서 자녀들에게 말했다.

엄마 : 이제 한 시간 후 저녁을 먹어야 하니까 하던 놀이 정리하자.
자녀들 : 네, 엄마.

딸들은 엄마의 말에 바로 대답했다. 언니는 대답을 하고는 바로 장난감 정리 바구니를 들고 와서 가지고 놀던 인형을 담기 시작했다. 반면에 동생은 대답을 했지만 하던 그림 그리기를 계속했다.

언니가 자기 장난감을 모두 정리한 후 동생에게 말했다.

언니 : 얼른 정리해. 엄마가 정리하라고 하셨잖아.

동생 : 조금만 더 할게, 언니. 아직 시간 많아. 밥 먹기 전까지만 정
리하면 되잖아.

언니 : 엄마한테 혼나도 난 몰라.

동생 : 밥 먹고 더 그리고 싶은데, 왜 꼭 정리를 지금 해야 해?

오후 6시 무렵. 엄마의 저녁 준비가 거의 마무리되어 가고 있다.

엄마 : 저녁 먹자.

엄마의 부름에 언니는 자기 방에서 나와 식탁 위에 가족들의 수저
를 챙겨 놓는다.
식탁에 앉으려던 엄마의 시선이 한 곳을 향한다.

엄마 : 아까 놀던 것 정리하라고 했는데 왜 정리 안 했어?

동생 : 밥 먹고 조금 더 그림을 그릴 거라서 식탁 위에서 치웠는데
요?

엄마 : 너는 왜 이렇게 정리하는 걸 싫어하니? 뭘 할 때 미루지 말
고 바로바로 좀 해.

아빠 : 여보, 그냥 둬. 별로 어질러 놓지도 않았네. 참, 저녁에 우리 영화 예매해 놓았어. 8시야.

엄마 : 미리 말도 안 하고 예매를 해 놓으면 어떡해? 그때 애들 씻길 시간인데…….

순간 조금은 긴장되는 공기가 집 안에 흐르기 시작한다.

평범한 일상의 한 장면이다. 가족이지만 서로 다른 성격을 가진 사람들이 각자의 성격대로 살아가면서 겪는 '다름'의 장면이기도 하다.

심리상담사로 사는 동안 참 많이 듣는 단어가 바로 '성격'이다.

"성격을 고치고 싶어요."

"제 성격이 문제인가요?"

"성격 때문에 헤어지고 싶어요."

사람에게는 누구나 성격이 있다. 그 성격의 다름이 서로에게 영향을 주게 된다. 특히 부모의 성격은 자녀에게 환경이 된다. 물론 자녀도 그렇다. 따라서 부모–자녀 관계에서는 서로의 성격적 특성을 이해하는 것이 행복한 관계를 위해 매우 중요하다.

정리 정돈을 잘하고, 시간 약속을 중요하게 여기며, 계획성 있는 엄마는 자녀들에게 어떤 환경을 제공하고 있을까?

허용적이고, 즉흥적이며, 공감을 잘하는 아빠는 가족 구성원들에게 어떤 영향을 줄까?

조용하고, 차분하고, 성실한 태도의 언니는 부모와 동생을 어떻게 느끼고 있을까?

사교적이고, 합리적이며, 즐거움이 중요한 동생은 가족 안에서 무엇을 경험하며 성장할까?

4명 가족 구성원의 닮은 듯 다른 성격은 분명, 서로에게 주는 영향이 있다. 상담심리사로 일하다 보면 누구의 잘못도 아니지만 누군가는 힘든 생활을 하고 있는 가족의 이야기를 자주 만나게 된다. 고통의 이유가 특별히 있는 경우도 있지만 단순히 가족 구성원 각자가 갖고 있는 성격의 차이로 불편함을 느끼는 경우도 많다.

이 불편함의 이유는 성격적 특성 차이 때문이다. 이를 이해하지 못하면 더욱 상처 받고, 갈등이 심화될 수 있다. 상대의 행동과 말에 대하여 납득이 안 되는 시간들이 쌓이다 보면 자연스럽게 마음의 거리와 몸의 거리가 생기기도 한다. 아무리 사랑하는 가족이라도 말이다. 그러나 타고난 성격의 차이를 설명하고, 서로를 어떻게 대하고 바라보아야 할지를 말해 주면 생각보다 쉽게 서로에게 날카로웠던 지점들이 해결된다.

가족이지만 서로 다른 성격이어서 부딪치거나 놓칠 수 있는 모습들을 재발견해서 부모와 자녀 모두가 행복한 가족을 이루었으면 하는 마음에서 이 책을 썼다. 특별히 성격을 설명하는 다양한 이론 중 MBTI를 중심으로 설명하여 보다 선명하고 쉽게 부모 자신과 자녀를 이해하는 데 도움이 되고 싶었다. 더불어 성격에 따라 어떻게 생각하고 행동하면 좋은지를 구체적으로 정리한 양육법을 수록하였다.

최근 온라인상에 무료 유사 검사 및 간이 검사가 많이 있지만, 이는 정식 MBTI 성격 유형 검사가 아니며, 정확성을 신뢰하기 어렵다. 정확한 성격 유형을 확인하고 싶다면, 네이버 '마음씨가게'를 통해 정식 MBTI검사[㈜어세스타 인증]를 받아 보는 것을 추천한다.

성격 차이라는 것은 나에게 당연한 것이 너에게 낯설 수 있고, 나에게 어려운 것이 너에게 즐거운 것일 수 있는, 그저 서로의 다름일 뿐이다. 누구의 잘못도 아닌, 그러나 서로 성격이 달라서 겪을 수밖에 없는 어려움과 특별함을 가족의 행복한 동행을 위해 알아보자.

우리는 서로에게 무엇을 제공하는 관계일까? 나의 마음과 너의 방식이 더 아프지 않고 힘들지 않게 만날 수 있기를 기대한다. 성격대로 살아갈 모든 날 속에 내가 너를 이해하고, 네가 나를 이해하면서 표현되지 못한 마음과 마음이 더욱 확인되기를 바란다.

이 책이 누군가를 '이런 사람'이라고 고정된 틀 속에 규정짓는 것이 아니라, 그동안 다 말하지 못한 우리의 순간을 조금 더 설명해 줄 수 있는 작은 실마리가 되기를 바란다. 자녀를 향한 다 담을 수 없는 깊은 사랑을 어떻게 전할지 몰라 막막하고 속상했던 부모들에게 한 발자국의 걸음이 될 것이다.

대한민국 1%의 희소한 성격인 나와 함께 사는 가족과 동료들에게 고맙고 미안하다는 말을 전한다.

호시담 상담실에서
조수연

① 정식 MBTI 성격 유형 온라인 검사
네이버 검색창에서 '마음씨가게'를 검색하세요.

② 온라인 심리 검사 3일 후
네이버 톡톡을 통해 검사결과 파일을 전해드려요.

③ 『성격대로 키우는 부모학교』에서
부모 성격 유형과 자녀 성격 유형 챕터 펴기

④ 부모 성격 유형 & 자녀 성격 유형 설명을 읽고,
양육 TIP에서 실천할 내용 표시하기

⑤ 더 상세한 전문가 양육 코칭을 받고 싶으면
호시담심리상담센터 양육 코칭 신청하기

⑥ 상담센터를 직접 방문하거나 전화, 화상 채팅으로
부모와 자녀의 30분 맞춤형 양육 코칭 받기

차례

성격의 생김새

"어릴 때는 안 그랬는데, 커 가면서 이상해졌어요. 우리 집안에는 이런 사람이 없는데 왜 그럴까요?"

자녀 양육 문제로 상담실에 오는 부모들이 자주 하는 말이다. 그 속상한 마음이 상담실 가득 전해진다. 부모의 표현은 사실일 것이다. 어릴 때는 이렇지 않았다는 말도, 눈·코·입 생김새는 나 어릴 적 판박이인데 행동은 너무 다르니 이상해졌다는 표현이 이해가 간다.

"아유, 애들 한참 클 땐 다 저렇지.", "사춘기라 그런가 봐. 금방 지나갈 거야." 하며 이해하는 것도 하루 이틀이다. 시간이 지나면서 서로의 간극은 점점 더 벌어지고, 다툼은 갈등으로 번진다. 그 과정에서 서로가 서로에게 상처를 입히고, 상처를 입기도 한다.

분명 눈·코·입은 부모와 똑 닮은 내 자식이 맞는데, 대체 왜 이런 것일까? 바로 성격의 생김새가 다르기 때문이다.

지금부터 성격의 생김새를 알아보려고 한다. 성격의 생김새는 심리학 이론에 따라 다양하게 설명할 수 있지만, 여기서는 MBTI를 활용하여 그 생김새의 8가지 구조를 알아볼 것이다.

밤 9시. 거실 소파에 좋아하는 차 한 잔을 들고 딱 10분만 앉아 있자. 자녀와 남편, 그리고 집 안의 모습들. 당신의 시선에 담기는 것들 중 제일 많이 시선이 머무는 것은 무엇인가? 그리고 그 시선이 머문 곳에 대해 무슨 생각을 하나?

'주방에 치우다 남은 설거지를 빨리 마무리하고 싶다.'

'아들 얼굴 아래 피부가 빨간데, 확인하고 약을 발라 줘야겠네.'

'거실 말고 내 방에서 혼자 10분을 있으면 더 좋겠다.'

'10분, 왜 이렇게 길어? 차도 다 마셨는데 3분이나 남았네. 말은 하면 안 되나?'

'오늘 이 시간이 나중에 추억이 되겠지? 20년 후. 생각만 해도 그냥 좋다.'

같은 시간, 같은 장소에 있어도 저마다 다른 생각과 느낌, 행동을 하고 있는 '나'를 어렵지 않게 만날 수 있다. 무엇이 옳고 그름의 문제가 아니다. 서로에게 더 편하고 선호하는 것이 다를 뿐이다. 똑같은 상황에서 어떤 것을 중심으로 정보를 인식하는지의 차이와, 알게 된 생각을 무엇으로 표현하는지의 차이가 있을 뿐이다. 이것이 바로 성격의 차이다.

성격의 서로 다른 생김새, 어떻게 발견할까?

나와 다른 자녀의 타고난 성격의 생김새를 발견하지 못하면 자녀를 이해할 수 없다. 팔다리가 길게 타고난 사람을 억지로 짧게 만들 수 없듯이 성격의 생김새도 타고난 부분이 존재한다. 무심결에 '내 성격의 생김새'로 자녀를 바라보는 순간 나의 자녀는 이해할 수 없는 아이, 게으른 아이, 책임감이 없는 아이로 낙인 찍히는 것이다.

특히 자라나는 아이들의 성격 생김새를 발견하는 것은 더욱 어려운 일이다. 아이들은 자신의 생각과 의견을 표현하는 것이 상대적으로 쉽지 않다. 계획표를 짜는 일이 얼마나 신나는 일인지 혹은 지루한 일인지, 요즘 무엇이 서운하거나 불안한지, 부모가 아이를 다그칠 때 어떤 감정인지. 아이의 성격 생김새를 통해서 확인하고 만나볼 필요가 분명히 있다.

그런 점에서 MBTI는 아이와 부모 성격의 생김새를 좀 더 자세히 관찰할 수 있게 해 주는 성격 생김새 설명서이다. 심리학자 카를 융(Carl Gustav Jung)은 인간이란 각자 타고난 성격의 생김새가 있고 이것을 유형화할 수 있다고 보았다. 쌍꺼풀이 있는 눈과 없는 눈, 각진 턱과 그렇지 않은 턱이 있는 것처럼 인간의 성격에도 '그렇다' 혹은 '아니다'

로 대답할 수 있는 부분들이 있다. 예를 들어, "가족여행을 갈 때 계획을 짜서 하는 게 편하니?"라고 물었을 때 누군가는 "편안하다."고 하겠지만 다른 누군가는 "계획을 짜면 오히려 답답해서 싫다."고 할 것이다. 사람의 성격을 유형화하여 바라볼 수 있다는 이러한 융의 이론을 바탕으로 이사벨 브릭스 마이어스(Isabel B. Myers)와 캐서린 쿡 브릭스(Katharine C. Briggs)가 MBTI 검사를 개발하였다.

MBTI는 우리의 성격을 16가지로 설명한다. 이 성격 유형 분류는 각 유형마다 타고난 개성을 알려 주고, 강점을 활용하고 단점을 보완할 수 있는 방향을 제시해 준다. MBTI를 이정표 삼아 부모와 아이가 서로 달라도 행복할 수 있는 길을 찾아가 보자. 물론 이 성격 유형이 우리의 모든 순간을 설명하는 것은 아니니 이것을 편견의 정보로 사용하지 않도록 주의해야 한다.

MBTI에는 어떤 규칙이 있을까?

ISTJ, ISTP, ESTJ……. 아직 정식 MBTI 검사를 받아 본 적이 없더라도 4가지 알파벳으로 이루어진 MBTI 유형 이름은 한 번쯤 들어 보았을 것이다. 얼핏 보면 무슨 규칙인지 눈에 들어오지 않는 알쏭달쏭한 알파벳 조합들이다. 그 이름에는 어떤 규칙이 있을까?

첫째, 내 마음의 에너지는 어디로 먼저 가고 싶은가? [I와 E]

당신에게 오늘 모처럼 저녁 자유시간이 주어졌고 오랜만에 친구를 만난다고 해 보자. 어떤 모습이 머릿속에 그려지는가? 누군가는 여러 명이 모인 모임이나 식사자리를 떠올리고, 친구와 야외에서 레저 활동을 하며 활기찬 자신의 모습을 그린다. 그런데 누군가는 보다 조용한 분위기에서 한두 사람과 담소를 나누는 모습을 상상할 수 있다.

MBTI의 첫째 이니셜은 내 마음의 에너지가 흘러가는 방향이다. '외향형(E)'은 바깥 세계에서 일어나는 일들과 시시각각 달라지는 변화에 주의를 집중한다. 반면에 '내향형(I)'은 자기 내면, 자신의 생각과 느낌에 관심이 많다. 에너지를 자신에게 집중해야 하기 때문에 혼자만의 시간이나 조용한 분위기에서 보다 편안함을 느낀다.

둘째, 정보를 수집할 때는 어떻게 하는가?[S와 N]

나의 바깥 세계로부터든, 나의 마음으로부터든 우리는 끊임없이 정보를 받아들인다. 둘째 이니셜은 어떤 정보에 보다 끌리는지를 보여준다. 학창시절에 들었던 수업 중 기억에 남는 것이 있다면 떠올려 보자. 만일 역사 수업이라면 그 수업에서 배웠던 놀라운 사실들, 생생한 사진 혹은 영상들 자체가 놀랍고 신기해서 인상적이었을 수 있다. 그런데 누군가는 그러한 사실이나 자료 자체보다 그 자료들이 가진 역사적 의미나 가치 때문에 수업이 가슴에 와 닿았을 수 있다.

전자인 '경험 중심(S)'은 지금 내가 눈으로 보고, 귀로 듣고, 만지고, 느낄 수 있는 현실적이고 구체적인 사건들에 흥미가 있다. 반면에 후자인 '가치 중심(N)'은 상상과 추리를 좋아한다. 지금 당장은 눈에 보이지 않는 새로운 아이디어, 이론 등에 흥미를 보인다.

셋째, 중요한 결정을 내릴 때 기준이 무엇인가?[T와 F]

우리는 정보를 받아들이기도 하지만, 반대로 직접 결정을 내리기도 한다. 셋째 이니셜은 의사 결정을 내리는 기준을 나타낸다. 오늘까지 꼭 마쳐야 하는 과제가 있어 급히 하고 있는데, 친구가 심각한 고민이 있어 들어 달라며 이야기를 시작한다. 누군가는 친구에게 진심으로 미안하지만 오늘은 급한 일이 있어 어렵다며 나중에 고민을 들어 주겠다고 할 것이다. 그런데 누군가는 친구의 걱정스러운 표정이 눈에 밟혀 '에라 모르겠다, 나중에 어떻게든 되겠지.' 하고 일을 미루고 친구의 이야기를 들어 준다.

전자인 '논리적(T)'은 감정을 가능한 배제하고 객관적이고 합리적으로 상황을 평가하고 결정을 내린다. 비록 그 과정에서 모든 사람이 똑같이 기뻐할 수는 없겠지만 말이다. 후자인 '관계적(F)'은 사람과의 관계를 잘 유지하는 것에 더 무게를 둔다. 다소 비합리적으로 보일지라도 상대의 기분, 서로의 관계 등보다 주관적인 가치에 따라 결정을 내린다.

넷째, 어떤 방식으로 살고 싶어?[생활 양식 – P와 J]

정보를 수집하는 것을 더 선호하는지, 의사 결정을 내리는 것을 더 선호하는지에 따라 유형이 나뉠 수 있다. 이를 주변 상황에 대처하는 생활 양식이라고 한다. 시험 기간에 그때그때 끌리는 과목 순서대로,

할 수 있는 만큼, 급하면 나중에 벼락치기를 해도 괜찮다는 생각으로 공부를 하는 사람이 있는 반면에 계획표를 짜는 것만으로도 신이 나는 사람이 있다.

'융통성(P)'은 상황을 먼저 통제하려 들지 않는다. 변수가 생기면 생기는 대로, 보다 유연하고 융통성 있게 적응해 나가는 사람이다. '계획적(J)'은 자신이 상황을 최대한 통제하고 싶어 한다. 계획을 짠다는 것이 바로 그 특성이다. 아직 발생하지 않은 일이라도 미리 알고 싶어 한다. 계획을 세우고, 계획에 따라 마무리하는 것에 편안함을 느낀다.

다섯째, 내 마음의 이정표[정보 수집 + 중요한 결정 조합]

현실적인 세계에서 오감을 통한 경험에 관심을 갖더라도(경험 중심), 누군가는 원칙을 더 잘 수행하기 위해서일 수도 있고(논리적), 어떤 사람은 그 목적이 조화로운 인간관계를 만들어 나가기 위해서일 수도 있다(관계적).

감각형과 사고형이 결합된 조합(ST)은 '생산성'을 마음의 이정표로 잡고 차근차근 효율적으로 진행하는 것을 우선시 하는 사람이다. 감각형과 감정형이 결합된 조합(SF)은 '인간미'가 마음의 이정표이다. 사람의 마음을 느끼고, 친절하게 보살피는 것을 우선시한다.

한편, 직관형과 감정형이 결합된 조합(NF)은 '의미'가 이정표이다. 자신만의 통찰, 가능성에 대한 관심을 사람 관계에 적용하여 사람을 지적, 심리적으로 성장시키고 싶어 한다. 직관형과 사고형이 결합된 조합

(NT)의 이정표는 '진리'이다. 수학, 복잡한 기술 등 복잡하게 얽힌 이론 분야에 흥미를 갖고, 문제점과 해결 방법을 찾아내기 위해 골몰한다.

여섯째, 삶을 대하는 태도[에너지 흐름 + 생활 양식 조합]

이 조합은 주변 상황에 대처하는 생활 양식이 외향적·내향적 마음의 에너지 흐름에 따라 어떤 태도로 겉으로 드러나는지를 보여 준다.

내향형이되 판단형의 생활 양식을 갖춘 조합(IJ)의 경우, 자신의 오감으로 수집한 정보나 자신의 직관을 통해 자신의 내면을 성찰하고 자신의 세계를 구축한다. 그러한 과정에서 '진지함'이 돋보이는 유형이다. 내향형이되 인식형의 생활 양식을 갖춘 조합(IP)의 경우, 주변 상황의 변화에 느긋하고 관대하게 대처하며 여유를 즐기는 '관망' 태도가 두드러진다.

한편, 외향형이되 인식형의 생활 양식을 갖춘 조합(EP)은 즉각적으로 '행동화'한다. 이들은 새로운 경험과 가능성에 목말라 있다. 넘치는 에너지를 바탕으로 즉흥적으로, 바로바로 행동에 옮긴다. 생각한 뒤 행동하는 게 아니라 행동하면서 생각한다. 외향형이되 판단형의 생활 양식을 갖춘 조합(EJ)은 '추진력'이 특징이다. 일의 마무리와 의사결정을 향해 달려 나간다. 그 과정에서 여러 사람을 통솔하는 리더 기질을 발휘하기도 한다.

일곱째, 나의 타고난 천성[정보 수집 + 생활 양식 조합]

이 조합은 자신이 삶에서 본능적으로 추구하는 핵심 가치, 즉 타고난 기질을 보여 준다.

감각형이되 판단형의 생활 양식을 갖춘 조합(SJ)은 '보호자' 기질을 갖고 있다. 이들은 조직이라는 울타리를 든든하게 지키고자 한다. 조직 구성원으로서 맡은 역할을 책임지는 것이 이 조합 유형의 핵심적인 가치이다. 감각형이되 인식형의 생활 양식을 갖춘 조합(SP)은 '장인' 기질을 갖고 있다. 독특한 자기만의 아이디어를 언어·그림·음악·조각 등을 활용하여 표현하고, 그러한 분야를 파고들며 창조적인 활동을 즐긴다. 기존의 관습에 얽매이지 않는 사람들이다.

한편, 직관형이되 감정형의 생활 양식을 갖춘 조합(NF)은 '이상가'이다. 다양한 사람이 조화롭게 어우러지고, 각자의 독특한 개성을 실현하는 이상적인 세상을 만들어 가려고 진지하게 노력한다. 직관형에 사고형의 생활 양식을 갖춘 조합(NT)은 '합리적'이다. 이 유형은 배우고 완벽하게 알고자 한다. 지식에 대한 욕구가 대단히 높으며 이론을 발전시킨다.

여덟째, 나의 적응 방식[에너지 흐름 + 생활 양식]

이 조합은 주어지는 상황에 어떻게 적응해 나가는지를 보여 준다.

내향형과 감각형의 조합(IS)은 '현상을 유지'하는 방식으로 적응한다. 전체를 획기적으로 바꾸기보다는 현실을 있는 그대로 받아들이면서 그 안에 어떤 오류나 문제가 없는지 꼼꼼하게 검토한다. 내향형과 직관형의 조합(IN)은 '생각이 많다.' 무엇을 배우더라도 깊게, 제대로, 원리를 이해하고자 하기 때문이다. 이 유형은 공식도 그냥 외우지 않는다. 그 공식이 왜 나왔는지를 이해해야 비로소 받아들인다.

한편, 외향형과 감각형의 조합(ES)은 '행동이 먼저다.' 이 유형은 책상과 가장 거리가 멀다. 흥미로운 장소, 활동, 여행 등 직접 발로 뛰고 눈으로 볼 수 있는 외부 세계의 경험에 끌린다. 외향형과 직관형의 조합(EN)은 '변화를 추구한다.' 조직이든, 사회든, 업무 매뉴얼이든 더 바람직한 방향으로, 더 효율적인 방향으로 개선시키고자 열정을 쏟는다. 변화와 도전을 즐기는 사람들이다.

MBTI가 모든 것을 설명할 수는 없다

"어떻게 사람 성격을 나눌 수가 있어요?"

MBTI가 받는 가장 큰 오해가 있다면 바로 위와 같은 질문이다. MBTI는 성격 '유형' 검사라는 측면에서 한편으로는 호기심을 불러 일으키고, 다른 한편으로는 의구심을 낳는다. MBTI의 유형 기준은 깔때기라고 할 수 있다. 그 유형에서 공통적으로 두드러지는 심리적 선호 4가지를 추린 기준이다.

성격 생김새의 많은 부분을 MBTI로 구석구석 들여다볼 수는 있지만 미처 설명할 수 없는 부분도 있다. 삶의 많은 순간과 그 과정에서의 경험과 이유로 나타나는 모습은 그 사람의 성격으로만 설명될 수는 없다. MBTI라는 도구 자체가 무용지물이라는 의미는 전혀 아니지만, MBTI가 설명할 수 없는 영역과 관점을 더 잘 설명하는 다른 심리 검사나 도구, 전문적 방법이 또 있다는 뜻이다. 따라서 사람의 모든 것을 정답처럼 말해 주는 결론은 아니라는 것을 꼭 기억해야 한다.

나의 타고난 성격 생김새는 앞으로도 쭉 그대로일까?

'타고난' 성향이 어떻게 타고난 성향으로 굳어지는지를 생각해 보자. 나는 어릴 때부터 오른손잡이였다. 오른손으로 밥을 먹고, 양치를 하고, 글씨를 썼다. 오른손이 편안해서 쓰기 시작했지만 그 편안함은 익숙함으로 바뀌고, 익숙함은 습관처럼 굳어졌다.

나는 왼손을 사용할 수 없는 사람인 것일까? 불편하더라도 써야 할 때는 쓸 것이고, 의지를 갖고 연습하면 왼손도 사용할 수 있다는 것을 알고 있다. 다만 불편함을 감수하지 않을 뿐이다.

MBTI는 타고난 성격 생김새가 있음을 인정하지만, 그것이 반드시 일생을 거쳐 굳어 있을 것이라고 단언하지는 않는다. 다만 나에게 좀 더 불편한 기능을 사용하려면 나의 의지와 시간이 더 많이 필요할 뿐이다. 오히려 그렇기에 MBTI는 나의 성장에 유용한 도구가 될 수 있다. 내가 노력하면 채울 수 있는 방향을 알려 주기도 한다.

그럼, 이제 나와 내 자녀의 성격 생김새를 자세히 만나러 가 보자.

부모 - 책임감과 근면 성실함의 아이콘
자녀 - 차분하고 성실한 모범생

에너지 흐름	☐ 외향적	☑ 내향적
정보 수집	☑ 경험 중심	☐ 가치 중심
중요한 결정	☑ 논리적	☐ 관계적
생활 양식	☑ 계획적	☐ 융통성
마음의 이정표	☑ 생산성	☐ 의미
	☐ 인간미	☐ 진리
태도의 기준	☑ 진지한	☐ 행동화
	☐ 관망	☐ 추진력
타고난 기질	☑ 보호자	☐ 이상가
	☐ 장인	☐ 합리적
적응 방식	☑ 현상 유지	☐ 행동 먼저
	☐ 생각 많음	☐ 변화 추구

ISTJ 부모

ISTJ 부모의 재발견

책임감과
근면 성실함의 아이콘

변화무쌍한 날씨 같은 예측불허의 긴장감이 아닌, 한결같은 소나무처럼 일관성 있게 자녀에게 예측할 수 있는 안정감을 제공하는 부모이다. 자녀가 어리더라도 독립된 한 명의 존재로 인정해 주며, 스스로의 힘을 발휘해서 자랄 수 있도록 뒷받침해 주는 든든한 보호자 역할을 한다. 이들의 자녀는 부모에 대한 신뢰가 깊고, 부모로부터 책임감과 꼼꼼함을 삶에서 진하게 배운다.

이들은 자녀들의 생활 습관을 길들일 때도 교과서이자 FM 같은 면이 있다. 책임감이 강한 만큼 자녀의 건강과 행복을 사명감으로 알고 성실하고 꾸준하게 양육한다. 자녀의 식사도 규칙적으로 밸런스 있게 계획하고, 식단표를 짜거나 5대 영양소를 고루 배치한다. 어린이집과 학교 알림장 속 준비물이나 공지사항은 거의 빠트리지 않고 잘 챙겨 준다. 이러한 섬세함과 일관된 모습은 자녀에게 안전하게 돌봄 받고 있다는 느낌을 준다.

이들은 스스로 책임감이 강하고 맡은 바를 성실하게 해내는 만큼 자기 주변을 정리 정돈하거나 맡은 일에 대해 최선을 다해서 해내는 것을 자주 이야기하고 몸소 보여 준다. 자녀가 건강하게 자립하는 것이 양육의 궁극적인 목표라고 믿기에 자녀 스스로 삶을 꾸려 나가고 관리하는 방법을 가르치려 한다. 특히 좋은 습관을 들이고 시간을 계획적으로 관리하는 것이 자립에 도움이 된다고 믿어서 좋은 생활 습관과 공부 습관, 시간을 효율적으로 사용하는 방법을 알려 주는 데 공을 많이 들인다.

이들은 부모와 자녀의 역할과 선이 명확할 때 자녀들이 안정감을 갖고 잘 커 나갈 수 있다고 믿는다. "밥 먹고 나서 설거지하는 건 엄마가 할 일, 엄마가 설거지할 수 있게 그릇을 가져다주는 건 ○○가 할 일"이라고 말한다. 이런 부모의 방식은 자녀가 어떤 역할을 맡고 있고, 어떤 책임을 다해야 하는지를 명확하게 알 수 있다. 따라서 자녀 스스로 무엇을 해야 하고 무엇을 하면 안 되는지 뚜렷하게 인식한다. 자녀에게 자신의 울타리가 어디까지인지를 알 수 있는 환경을 제공해서 안정감을 느낄 수 있게 한다.

이런 부분은 고려해야 해요

이들은 일상생활이 정리 정돈되어 있고 계획적인 반면에 계획과 예상에서 벗어나면 상당한 스트레스를 받기 쉽다. 한밤중에 갑자기 자녀가 아프다든가, 조금 컸다고 부모의 뜻과 상관없이 자기 뜻대로 행동하고 싶어 하는 순간이 늘어나면 멘붕이 올 수 있다. 예를 들어, 유아기 자녀를 둔 경우 밥을 깨끗하게 먹도록 알려 주고 싶은데, 자녀가 여러 가지 반찬의 질감과 색감을 신기해하면서 자꾸 손으로 만지고 흰 쌀밥에 묻힌다면 불편해할 수 있다.

책임감과 인내심이 강하고 꼼꼼하며, 완벽하게 일을 처리하고자 하기 때문에 자신이 맡은 일이 끝나기 전까지는 제대로 쉬지 못할 수 있다. 아니, 쉬면 안 된다고 생각한다. 하루 종일 자녀와 씨름하다가 자녀를 겨우 재우고 나면 완전히 기진맥진해져서 쉬고 싶을 때에도 남은 청소, 빨래 등 '오늘 하려고 한 일'을 처리하지 않고서는 마음 어딘가가 찜찜해서 제대로 쉬지 못한다.

이 유형의 성격적 아킬레스건을 보호하기 위한 3가지 포인트는 다음과 같다.

첫째, 자녀들의 생각은 자신처럼 계획적이지 않을 수 있음을 기억해야 한다. 자녀의 독특한 사고방식과 상상력에 대해 결과가 뻔해 보여도 관심과 흥미를 가져 보려고 노력할 필요가 있다.

둘째, 자녀에게 자신의 감정을 표현해 보고, 자녀의 감정도 좀 더 살펴볼 필요가 있다. 감정은 친밀감과 연결되어 있다. 탁월한 보호자는 감시자, 감독자가 아니다. 정서적 교감을 주고받아야 한다.

셋째, 자녀와 함께하는 순간에는 주변이 너무 소란스럽게 느껴지거나 무질서해 보이더라도 신경 쓰지 말고 집중해야 한다. 당신의 성실함과 책임감으로 모든 일에 대응할 수 있으니 예방하지 말고 겪어 내보자. 계획대로가 아닌 지금 자녀와 자신의 마음 흐름을 만나 보자.

ISTJ 부모를 위한 양육법

🪑 자녀가 유아일 때 생각해야 할 것

일주일에 한 번은 예쁜 옷을 입고 외출한다

우선순위에서 자녀와 가정이 1순위인 자신에게 일주일에 한 번은 예쁜 옷을 입은 자신의 모습을 계획해 보자. 자녀를 위해 늘 티셔츠와 활동하기 편한 옷을 입은 모습이 아니라 나를 찾아 나 자신에게 보여 줄 수 있는 시간을 계획 속에 포함해 보자. 이것은 사치가 아닌, 당신에게 필요한, 꼭 누려야 하는 일상의 시간이다.

자녀는 자녀의 속도로 크고 있다

최선을 다해 키우고 있는 자녀가 혹시나 발육 속도가 느리다거나 육아서에 나오는 발달 과정과 조금 다른 모습을 보이더라도 너무 당황하거나 놀라지 말자. 병원에 붙어 있는 성장 기준과 책에 나오는 발달 과정은 정답이 아닌 평균이고, 그 평균은 수많은 다양성 속에서 나오는 내용임을 기억하자. 자녀의 성장은 과학적 실험 결과처럼 딱 떨어지지 않는다.

자녀에게는 새로운 경험이 필요하다

안전이 중요한 부모는 위험하거나 익숙하지 않은 일들에 대해서는 시도조차 하지 않으려고 한다. 하지만 새하얀 도화지의 자녀에게는 많은 경험과 시도가 필요하다. 스스로 가장 어려워하는 경험해 보지 않은 일들을 자녀와 손잡고 함께 시도해 보자. 그런 새로운 시도를 통해 자신의 세상도 넓어질 수 있다.

변수까지 계획한다

이들은 계획을 세워야 마음이 편안해진다. 미리 예측할 수 있어야 안정감이 생긴다. 그러나 양육이란 늘 변수의 연속이기에 계획은 늘 빗나가곤 한다. 그럼 변수까지 계획해 보자. 어떤 일이 생길지 모르겠지만 계획과 다른 일이 생길지도 모른다는 계획을 세우면 자신이 예상치 못한 일이 생겨도 덜 당황스럽다. 계획이 바뀐다고 세상이 바뀌는 것이 아니라는 것을 꼭 기억하자.

🪑 자녀가 초등학생일 때 생각해야 할 것

부모의 계획이 전부가 아니다

이들은 무엇이든 가장 좋은 것으로 주고 싶어서 최선의 것들로 완벽한 계획을 세워 자녀에게 제공한다. 하지만 그 계획이 자녀에게 최선인지 아니면 부모 계획 속의 일정인지 생각해 보자. 가장 좋은 것을 주어도 받는 자녀가 좋아하지 않는다면 그건 누구에게도 좋은 것이 아니다. 스스로 계획하고 선택하고 싶어 하는 자녀의 모습은 부모의 계획을 거부하는 것이 아닌, 자신의 계획을 만들고 실천하는 과정이다.

안아 주는 연습을 한다

힘들어 지친 자녀에게는 힘든 일에 대한 해결은 중요하지 않을 수 있다. 그저 "오늘 피곤했지. 어서 와." 하며 안아 주는 부모의 품이 최고일 수 있다. 부모는 내 편이라는 믿음, 그렇게 가족이 한 팀이 될 수 있는 아주 좋은 기회이다. 자녀가 부모의 위로를 그대로 받아 줄 수 있는 지금의 시간에 자녀와 단단한 한 팀이 되자.

당신은 이미 충분하다

이들은 어느 것 하나 소홀하게 넘기지 않는 책임감과 인내력으로 똘똘 무장해 매 순간 흐트러짐이 없다. 그것으로 이미 충분하고 또 충분하다. 그러니 지금부터는 조금 덜 충분해도 좋은 연습을 하자. 식사 후 바로 설거지를 하지 말고, 흐트러진 거실을 잠시 모른 척하자. 그렇게 하며 생긴 시간에 그냥 소파에 앉아 있어 보자. 세상에는 아무 일도 일어나지 않을 것이다. 그렇게 앉아 있을 수 있는 자신에게 놀라며 피식 웃음이 새어 나올지도 모른다.

자녀에게 생각할 시간을 준다

논리적으로 많은 정보를 빠르게 취합하여 결정도 빠르게 내리는 부모의 속도에 자녀는 숨가빠하며 따라오고 있을지 모른다. 부모가 이미 내린 결론을 자녀에게 설득시키는 것이 아니라 자녀에게 생각의 시간과 선택의 기회를 줄 필요가 있다. 자녀가 작은 머리로 열심히 논리를 만들어 생각지도 못한 아이디어로 부모와 함께 오래도록 이야기하는 즐거움이 곧 찾아올 것이다.

ISTJ 자녀의 재발견

차분하고 성실한 모범생

　다른 사람에게 쉽게 마음을 열지는 않지만, 한 번 마음을 연 친구와
는 오랫동안 친하게 지내는 의리가 있다. 성실하고 꾸준한 성격 특성
을 친구와의 관계에서도 발휘하면서 충실하게 친구의 옆을 지켜준다.
평소에는 자기 생각이나 감정을 잘 드러내지 않지만 누구보다도 자기
논리와 주관이 뚜렷하며 자기중심이 선명한 편이다. 한결같이 책임감
이 강하고 매사 착실한 모습을 보인다.

　이들은 책임감이 강하고 성실해서 숙제든, 집안일이든, 약속이든,
자신이 맡은 바는 확실하게 해내려고 한다. 타고난 모범생이라고 할
수 있다. 나이가 어려도 계획된 활동에 대해서는 미리 고려하고, 미루

지 않고 수행한다. 타고난 착실함 덕분에 누구에게나 믿음직스러운 느낌을 준다. '하기로 한 건 끝까지 반드시 해내는 친구'로 살아간다.

이들은 평소에 자신의 생각과 느낌, 의견을 자주 드러내지는 않는 과묵한 스타일로 보인다. 어린아이인데도 표정의 변화가 뚜렷하지 않고, 무엇이 좋고 무엇이 싫은지 호불호에 대한 표현도 적은 편이다. 하지만 자기 의견을 밝혀야 하는 순간에는 뒤로 물러서지 않고 분명히 밝히는 면도 있다. 급정색도 할 수 있다.

이들은 주변 분위기나 다른 사람들의 의견을 쉽게 따라가기보다는 자기 주관을 지키는 편이다. 자기 논리가 뚜렷하고, 그 논리에 근거해서 매사에 객관적인 태도를 보일 수 있으나 냉정하다고 비난하면 안 된다. 부모라 하더라도 충분한 논리와 객관적 근거 없이 교육하려고 하면 효과가 떨어진다.

이들은 다수의 앞에 나서기를 별로 즐기지 않고, 감정을 잘 드러내지 않는 편이어서 또래 친구와 빨리 적극적으로 친해지는 경우는 드물다. 상황에 맞게 그때그때 주변에 있는 친구들과 어울리다가 서서히 가까워지는 편이다. 소수와 깊이 사귀며, 자기 공간을 공유하는 속도도 느리다. 그러므로 친구를 만들어 주고 싶은 마음에 또래 아이를 집에 초대하는 것은 신중할 필요가 있다.

반대로 자녀가 집으로 자신의 친구를 초대했다면 그 친구는 상당히 특별하다는 의미이다. 그들이 가까워지는 데는 오래 걸렸을지 모르지만, 우정을 오래 이어 가는 경우가 많다. 특유의 성실함을 친구와의 관계에서도 유감없이 발휘하는 셈이다.

 ## 이런 부분은 보완이 필요해요

이들은 미리 계획을 세우고 꼼꼼하게 준비하는 것은 잘하지만, 갑작스러운 변화가 발생하면 당황스러워하고 힘들어한다. 질서 정연함이 중요한 만큼 질서가 갑작스럽게 무너지는 상황에서는 그만큼 불안한 마음이 커진다. 즉 발생한 일의 크기와 내용으로 힘들어한다기보다는 예상하지 못한 일에 대한 당황이 가장 힘든 포인트이다. 워낙 매사에 최선을 다하고 책임감이 강한 만큼 자신의 일들을 훌륭하게 해내면서도 정작 어딘가 부족한 부분이 있을지도 모른다는 걱정을 자주 한다.

이들은 마음먹으면 자기 의견을 논리적으로 전달하는 것은 곧잘 하지만, 자기 느낌 등 주관적인 것을 표현하는 데에는 상대적으로 서투르다. 따라서 자녀에게 표현해 보라고 반복적으로 질문하는 것은 스트레스를 주는 것일 수 있다. 객관적으로 맞고 틀린 사실이 아닌 주관적인 느낌을 이야기하는 것은 해결하기 어려운 숙제와도 같다. 친구에게 불만이 생겨도 이를 적극적으로 표현하고 대화를 통해 해결하지 못하고, 대신 속으로 혼자 끙끙 앓다가 친구와 아예 서먹서먹해지고 멀어지게 되기도 한다.

이러한 자녀의 성격 특성을 고려해 꼭 생각해야 할 3가지는 다음과 같다.

첫째, 가능하다면 주변 환경의 변화에 대해 자녀가 마음의 준비를 할 수 있는 시간적 여유를 주는 것이 좋다. 여의치 않다면 갑작스럽게 힘든 상황이 닥쳤을 때 자녀와 함께 그 상황에 대해 여러 대안을 찾아보면서 자녀가 융통성을 발휘하는 방법을 배울 수 있게 도와줄 필요가 있다. 무엇보다도 불편해할 자유를 인정해 주어야 한다.

둘째, 자녀가 스스로 어딘가 부족할지도 모른다고 불안해하면 충분히 잘하고 있는 부분을 구체적으로 짚어서 설명해 주는 것이 좋다.

셋째, 자녀와 일상적인 대화를 자주 나누면서 자녀가 자연스럽게 자기 생각과 느낌을 표현하는 데 익숙해지도록 도와주는 것이 좋다. 이때 부모가 확인하고 싶은 것을 질문하는 것이 아니라 자녀가 표현하고 싶은 만큼 표현하게 해 주는 것이 중요하다.

ISTJ 자녀를 둔 당신을 위한 양육법

🪑 자녀가 유아일 때 기억해야 할 것

미리 알려 준다

자녀가 어리다고 해서 아무것도 모를 것이라고 생각하지만 실제로는 그렇지 않다. 가족이 함께 이동할 경우 어디를, 왜 가고 있는지 자녀에게 말해 준다면 자녀는 훨씬 안정감을 느끼게 된다. 자녀는 목적지를 아는 순간부터 주변을 살피며 여행을 즐긴다. 누군가에게 계획은 구속이지만, 이들에게는 지도와 나침반 같은 안정감을 준다.

조금 천천히 기다려 준다

꼼꼼하게 확인하고 안전하다는, 할 수 있다는 확신이 선 후에야 움직이는 자녀에게는 부모의 여유 있는 템포가 무엇보다 필요하다. 부모에게는 기다림의 시간이겠지만, 이들에게는 이유 있는 고려와 관찰의 시간이다. 차라리 좀 더 적극적으로 자녀가 확인할 수 있는 구체적 자료나 생각할 수 있는 편안한 분위기를 만들어 준다면 자녀는 자신의 속도와 자신의 방식으로 주변을 탐색하고 판단한 후 그다음의 일들을 해 나갈 것이다. 부모는 이미 알고 있는 일들이지만 자녀에게는 모두 새로운 처음이니 그들의 낯선 반응을 인정해 주자.

자녀의 영역을 침범하지 않는다

이들은 누가 가르쳐 주지 않아도 정리하는 것을 좋아한다. 부모 입장에서는 너무나 기특한 일이다. 하지만 자녀가 정리한 자녀의 영역은 부모라도 동의 없이 침범하지 않도록 조심해야 한다. 자신의 순서와 자신의 계획에 맞추어 만들어 둔 자녀의 공간과 계획의 주도권은 자녀에게 있음을 기억하자.

얌전하다고 너무 걱정하지 않는다

얌전해서 친구를 사귈 수 있을지에 대해 너무 걱정할 필요는 없다. 친구들과 잘 어울리지 못하면 어쩌나 예상할 필요도 없다. 친구에게 말을 걸기 위해 아주 멋진 말을 준비하는 중일지도 모른다. 자녀가 친구들 속에 있지 않다고 앞으로의 모든 시간 동안 외로울 거라고 불안해할 필요도 없다. 진짜 좋은 친구를 조금 천천히 찾는 중일 수도 있다.

🪑 자녀가 초등학생일 때 기억해야 할 것

스스로에게 너무 혹독하지 않도록 한다

이들은 책임감이 강하고 의젓해서 부모와 선생님들의 칭찬 속에 늘 최선을 다하는 모범생으로 산다. 하지만 자녀의 속마음은 피곤할 때도 있고 지칠 때도 있다. 그럴 때 부모가 이렇게 말해 주자. "네가 이미 최선을 다하는 것을 잘 알아. 그런데 항상 최선을 다하지는 않아도 괜찮아. 네가 엄마, 아빠 딸(아들)이라는 것만으로도 이미 충분해."

어른들 말씀에 말대꾸한다고 오해하지 않는다

주어진 상황에서 자신이 납득하지 못하는 경우가 생기면 자녀는 그 일에 대한 원인과 이유를 묻는다. 그런데 불편한 상황에서 원인과 이유를 묻는 자녀를 보는 주변 사람들의 시선은 그다지 곱지 않을 수 있다. 더구나 상대방이 어른이라면 말대꾸하거나 변명하는 것처럼 여겨질 수도 있다. 그런데 자녀에게는 그런 의도가 전혀 없다. 다만 자신의 기준과 생각으로는 받아들이기 어려워 그 이유를 묻는 것뿐이다. 이해하고 노력하는 시도로 그 질문을 들어 보자.

최선을 다한 것에 대해 인정한다

무엇이든 최고의 목표를 세우고 최선을 다해 노력하는 자녀라 할지라도 매번 결과가 만족스러울 수만은 없다. 하지만 과정에서 이미 충분히 애쓴 자녀를 인정해 준다면 자녀는 결과만큼 소중한 과정을 돌아볼 수 있다. 이때 부모의 역할이 무엇보다 중요하다. "다음에 더 잘하면 되지. 괜찮아."가 아니라 "결과는 네가 어떻게 할 수 있는 부분이 아니야. 그런데 너의 과정은 충분히 멋졌어. 그럼 됐어."이다.

할 수 있는 일과 하기 어려운 일을 구분하지 않는다

안정감과 성취감이 중요한 자녀는 자신이 할 수 있는 일만 하려고 하고 새로운 도전은 생각조차 하지 않는 경우가 많다. 아직은 어린 자녀의 영역을 넓혀 주기 위해서는 자녀가 할 수 있는 일과 하기 어려운 일을 구분하기 전에 부모가 함께 자녀가 하기 어려운 일을 시도해 본다. 시간이 지나면 처음에 어려웠던 일이 할 수 있는 일로 바뀔 수도 있으니 말이다. 단, 도전이 누군가에게는 참 어려운 일이라는 것을 인정하고, 새로운 시도를 하지 않는다고, 열정이 없다고 오해하지 않도록 한다.

ISTJ
아이의 속마음

저는 가족이라도 항상 함께하고 같이 하는 것이 힘든 부분이 있어요.
그건 가족이 싫어서가 아니고 저에게는 혼자의 시간, 공간이 조금은 있
어야 에너지를 충전할 수 있기 때문이에요.

저의 대답, 표정이 크지 않은 것은 무시하거나 관심이 없다는 뜻은 아니
에요. 질문을 받으면 대답을 생각해 볼 시간이 필요한데, 그 생각을 하는
동안 제 표정이 뭔가 밝지 않은 것 같아요.

조금만 더 기다려 주시면 곧 저도 저의 생각을 정리해서 말씀드릴 수 있
어요.

어떤 일이든지 제가 해야 할 일이라고 정해지면 저는 정말 최선을 다해
잘하려고 노력해요. 계획도 꼼꼼히 세우고, 그것을 지키기 위해 참는 것
도 많아요. 그런데 명확한 설명 없이 계획이 바뀌고, 새로운 일들이 생기
는 것은 저에게는 너무 불안하고 당황스러워요.

저에게 계획은 다짐이고 꼭 도착해야 할 이정표 같은 것인데, 이 방향이
갑자기 변한다고 하면 종착 지점의 깃발이 사라지는 것처럼 느껴지기
도 해요.

제가 잘 표현을 하지 않아서 모르실 수도 있겠지만 저는 정말 부모님을
많이 사랑해요.

부모-부드럽고 세심한 보살핌의 귀재
자녀-꼼꼼하고 배려심 많은 완벽주의자

에너지 흐름	☐ 외향적	☑ 내향적
정보 수집	☑ 경험 중심	☐ 가치 중심
중요한 결정	☐ 논리적	☑ 관계적
생활 양식	☑ 계획적	☐ 융통성
마음의 이정표	☐ 생산성	☐ 의미
	☑ 인간미	☐ 진리
태도의 기준	☑ 진지한	☐ 행동화
	☐ 관망	☐ 추진력
타고난 기질	☑ 보호자	☐ 이상가
	☐ 장인	☐ 합리적
적응 방식	☑ 현상 유지	☐ 행동 먼저
	☐ 생각 많음	☐ 변화 추구

ISFJ 부모의 재발견

ISFJ 부모

부드럽고 세심한
보살핌의 귀재

자녀에 대한 느낌, 감정, 고마움 등을 표현하고 나누는 따뜻한 성격의 부모이다. 자녀를 향한 세심한 시선과 관찰력으로 언제 어디서든 필요한 심리적 안정감을 제공할 만반의 준비가 되어 있다. 자녀에 대한 지지와 수용, 헌신을 꾸준히 행동으로 보여 준다.

이들은 평소에 자녀를 부드럽고 따뜻하게 대하며, 자녀가 뭔가 원하는 것이 있으면 재빨리 알아채고 제공한다. 특히 자녀의 눈높이에 맞춰서 자녀가 중요하게 여기는 것이라면 어떤 일이건 마다하지 않고 나선다. 예를 들어, 자녀가 아끼던 장난감을 잃어버려서 속상해하면 몇 시간이건 그 장난감을 함께 찾아보고, 자녀가 재미있어 하는 책이 있으면 같은 책을 수십 번씩 반복해서 읽어 주기도 한다.

이들의 자상함과 섬세함은 자녀와 함께하는 순간에도 예외 없이 드러난다. 자녀의 다양한 감정과 관심사에 대해서 귀 기울여 경청하고 느낀 마음을 공감해 준다. 어린이집에 다녀온 자녀가 그날 새로 배운 것, 친구나 선생님과 있었던 일에 대해 재잘대면서 이야기하면 무심히 흘려듣지 않고 함께 경험한 듯 기억해 둔다. 특히 자녀가 재밌었다고 말한 놀이를 기억해 뒀다가 집에서 자녀와 다시 같이 놀아 보는 기회도 제공한다.

이들은 가족 안에서 부모의 역할과 자녀의 역할을 선명하게 구분하고, 가족들을 위해 일관성 있는 모습을 보인다. 이들이 만든 계획과 규칙은 자녀에게 든든함과 안정감을 느끼게 해 주고 싶은 마음에서 나온 것이다. "이 냄비는 뜨거우니까 아빠가 들 거야. ○○가 드는 게 아니야. 대신 ○○는 숟가락하고 젓가락을 놓아 줄래?"라는 식으로 차분하고 구체적으로 설명해 준다. 그렇기에 이들의 자녀는 어떤 것을 하면 괜찮고, 어떤 것을 하면 안 되는지 잘 알고, 이들이 알려 준 가이드 안에서 따뜻함과 편안함을 느낄 수 있다.

이런 부분은 고려해야 해요

이들은 자녀에게 헌신하고, 자녀를 섬세하게 보살피기 위해 많은 노력을 기울이지만, 정작 이 노력을 다른 사람들에게 잘 드러내지는 않는다. 이들이 얼마나 애쓰는지, 어떤 수고로움을 무릅쓰고 있는지에 대해서 사람들이 모르고 넘어가는 경우가 많다. 그래서 주변 사람들은 이들이 마냥 수월하게 자녀를 돌본다고 착각하기 쉽다. 이들의 섬세하고 꼼꼼한 보살핌을 마치 '당연한' 것처럼 여기기도 한다.

이들은 온 에너지를 집중해서 자녀에게 헌신하는 만큼 스스로 자녀를 돌보는 것에 대해 '~해야 한다.'는 의무감을 강하게 느낀다. 자녀를 잘 키우는 것에 온 마음을 기울이다가 정도가 지나친 나머지 스스로에게 완벽함과 무거운 짐을 지우는 경우도 생긴다.

자녀가 성장할수록 자녀들이 자신을 어떻게 받아들일지에 대해서 신경 쓰고 걱정하기도 한다. 자녀가 부모의 헌신과 보살핌을 부담스럽게 여긴 나머지, "아빠는 매사에 너무 심각해서 피곤해.", "엄마는 내 말과 행동에 일일이 반응해서 같이 있기 귀찮아."라고 느끼게 될까 봐 염려하기도 한다. 개중에는 '좋은 부모가 아니면 어떡하지?'라고 자책하는 사람도 있다.

이 유형의 성격적 아킬레스건을 보호하기 위한 3가지 포인트는 다음과 같다.

첫째, 자녀의 견해만큼 부모의 견해도 소중하다는 걸 기억하자. 자녀에게 부모의 관점에 따라 정확한 지시를 내리는 것도 필요하다.

둘째, 의식주를 챙기는 등 자녀에게 구체적인 도움을 주는 것도 중요하지만, 자녀의 현재를 뛰어넘어 미래의 가능성을 일깨우는 것에 대해서도 주의를 기울여 줄 필요가 있다.

셋째, 자녀에게 온 에너지를 집중하여 헌신하는 만큼 스스로 자녀를 돌보는 것과 관련하여 '~ 해야 한다.'는 의무감에 짓눌릴 수도 있다는 것을 기억하자.

ISFJ 부모를 위한 양육법

🪑 자녀가 유아일 때 생각해야 할 것

오늘은 엄마(아빠)의 날이다

자녀와 가족을 위해 보이든 보이지 않든 이들의 손길이 안 닿은 곳이 없다. 그렇기에 오히려 이들의 정성과 노력이 눈에 띄지 않을 수 있다. 공기의 중요성을 잊고 사는 것처럼 말이다. 너무나 중요한 자신을 위해 자신의 가치를 인정받을 수 있는 하루를 만들어 그동안 자녀와 가족을 위해 애쓴 자신의 수고에 감사하는 날로 보내자. "오늘은 엄마(아빠) 하고 싶은 거 다 해!"

도움을 요청하는 연습이 필요하다

이들은 자신에게 맡겨진 일은 최선을 다해 노력하며 자신보다는 상대방을 위해 애쓴다. 그러나 모든 것을 다 만족스럽게 잘할 수 없다는 걸 알면서도 좋지 않은 결과에 대해서는 너무도 냉정하게 스스로를 평가한다. "도와주세요."라고 말하는 건 자신이 무책임한 것도, 자신의 능력 없음에 대한 평가도 아니라는 것을 기억하자. 당신이 어려워하는 그 일을 위해 이미 준비된 당신의 짝꿍이 당신의 요청을 기다리고 있을지도 모른다.

내가 즐거워야 자녀도 즐겁다

자녀를 키우는 일은 즐거움보다는 책임감의 무게가 먼저 다가오는 일이다. 그러나 책임감의 배경에는 자녀와 부모의 매일이 있다. 수많은 시간 동안 즐거움은 없이 책임감만 있다면 얼마나 아까울까? 즐거운 일을 찾아보자. 책임감으로 하는 일들 중에도 미처 내가 찾지 못했던 즐거움의 포인트가 있을 수 있다. 그 작은 포인트로 부모가 행복해지는 순간 자녀도 함께 행복해진다.

보호자로서의 힘을 갖춰야 한다

부모는 자녀를 지켜야 하는 보호자이다. 보호자는 안전한 환경을 제공하는 동시에 심리적인 안정감도 함께 줄 수 있어야 한다. 다시 말해 믿을 만한 부모가 되기 위해서는 자녀가 원하지 않더라도 보호자로서 필요한 일이라면 밀고 나가야 한다. 처음에는 자녀가 자기 뜻에 맞지 않아 울고 떼를 쓰겠지만 시간이 지날수록 변하지 않고 한결같이 자기 곁에 있는 부모에게 안전함을 느낀다.

🪑 자녀가 초등학생일 때 생각해야 할 것

부모라고 해서 무엇이든 완벽할 수 없다

자녀는 먹는 것, 말하는 것, 자는 모습까지 부모의 모습을 보며 자란다. 그런 면에서 부모는 무엇이든 잘하고 완벽하고 능력 있어 보여야 한다는 부담감을 가질 수 있다. 하지만 부모도 잘하는 일과 못하는 일이 있기에 어려운 부분은 부족한 모습 그대로를 자녀에게 보여 주자. 어느새 부쩍 자란 자녀가 많은 부분에서 부모를 도울 수도, 혹은 부모를 돕는 자신의 모습에 뿌듯해하며 한 걸음 더 자라고 있을지도 모른다.

모든 정보가 도움이 되는 건 아니다

부모가 되면 자녀 양육에 대한 자료를 많이 수집한다. 그러나 너무도 많은 정보 속에서 어느 것이 정확한 정보인지를 구별하기는 쉽지 않다. 전문가의 조언이나 연구에 근거한 결론 등 자녀를 위한 정보의 신중한 선택이 무엇보다 중요하다. 이에 더하여 내 자녀의 상황과 성향에 맞는지 꼼꼼히 확인할 필요도 있다.

자신에게 집중하는 시간이 필요하다

혼자 있기를 즐겨 하는 이들에게 자녀가 학교에 가 있는 시간은 꿈 같은 달콤함의 시간이다. 이들에게는 깨끗하게 집 안을 정리해 두고 조용히 혼자 앉아 커피 한 잔을 마시는 시간이 절대적으로 필요하다. 그렇게 혼자 자신에게 집중할 수 있는, 혹은 아무런 말도 없이 그저 가만히 있는 그 시간으로 오후를 살아갈 힘을 저축하는 것이다.

자녀를 향한 부모의 목표를 정한다

어떤 일이든 체계적으로 계획을 세워 진행하는 것이 편안한 이들에게는 계획을 세우기 위한 목표가 있어야 한다. 자녀를 향한 지금 나의 목표는 무엇인지 생각해 보자. 무작정 열심히 하라는 것보다, 멋진 어른이 돼라는 너무 먼 계획보다 초등학교 1학년 동안 자녀가 이루길 바라는 목표, 초등학교 4학년 때까지 자녀가 성장하길 바라는 키 등 구체적인 목표를 세우는 것이 좋다. 그러다 보면 당신의 지금에 대해서도 확인할 수 있고, 무리한 요구로 자녀와 부모가 대립해서 지치게 되는 일도 미연에 방지할 수 있다.

ISFJ 자녀

꼼꼼하고 배려심 많은
완벽주의자

배려심이 많고 다른 사람을 잘 도와준다. 한 번 친해지면 그 관계를 깊이 있게 가꿔 나가기 위해 세심하게 정성을 다하는 특성도 갖고 있다. 칭찬과 인정을 받으면 힘을 많이 얻고, 그에 부응해서 더욱 열심히 해내려고 하는 신바람 난 모습을 볼 수 있다. 숙제면 숙제, 공부면 공부, 매사에 마음을 다해서 완벽하고 깔끔하게 자기 관리를 잘한다.

이들은 책임감이 강해서 자신에게 주어진 일을 끝까지 최선을 다해 완벽하게 해내려고 한다. 누가 시키지 않아도 '혼자 알아서 잘한다.' 외모를 깔끔하고 단정하게 가꾸는 데에도 관심이 많다 보니, 잔소리를 하지 않아도 스스로 알아서 씻고 깨끗한 옷으로 갈아입는다. 이처럼 모든 면에서 자기에게 부여된 것들을 정성 들여 완벽하게 관리하는 성격 특성을 갖고 있다.

매사 깔끔하고 완벽하게 관리하려고 하는 이들의 특성은 칭찬과 인정의 영향을 많이 받는다. 주어진 활동을 완벽하게 해내는 것 자체에서 느끼는 즐거움보다 사람들에게서 완벽하다고 인정받는 데에서 느끼는 뿌듯함이 마음에 더 크게 와 닿는다. 칭찬은 고래도 춤추게 한다는 말은 여러 자녀에게 해당되겠지만, 특히 이들에게는 반드시 기억해야 하는 특성이다.

이들은 주변 친구들을 잘 도와주고 양보도 잘해서 어지간해서는 다른 친구들과 싸우지 않고 원만하게 지낸다. 그래서 다른 사람들에게 "착하다."는 이야기도 많이 듣는다. 여러 명의 친구와 폭넓게 어울리기보다는 소수의 친구와 깊게 지내는 것을 더욱 편안해한다. 다정하고 세심한 면이 있기 때문에 소수의 친구들과 '단짝'으로 지내며 많은 것을 공유하고 싶어 한다. 서로의 집에 찾아가서 함께 노는 것을 좋아하며, 편지나 소소한 선물을 주고받으면서 우정을 확인하기도 한다.

 ## 이런 부분은 보완이 필요해요

이들은 꼼꼼하고 계획적이지만, 대신 상황이 갑작스럽게 바뀌면 크게 당황하고 불안해하는 경향이 있다. 예고 없이 갑작스러운 변화가 생겼을 때 이를 질서가 무너지는 것으로 여기기 때문이다. 뭔가 잘해 내고 완벽한 모습을 보여서 부모에게 인정받고 싶은 마음이 큰 만큼 실수에 대한 두려움도 크다. 그래서 많은 사람 앞에서 뭔가를 발표해야 하거나 자기 의견을 표현해야 하는 상황을 겁내고 피할 때가 종종 있다.

자녀가 말을 안 들을 때 부모는 종종 뭔가 조건이나 단서를 달아서 이야기한다. "지금 이 숙제 잘해 놔야 나중에 엄마, 아빠랑 애견카페에 놀러 갈 거야. 그러니까 숙제 똑바로 해 놔.", "이것 편식하지 말고 먹어야 엄마가 ○○에게 나중에 장난감 사 줄 거야."처럼 말이다. 그런데 이들에게는 조건적인 제안이 동기부여가 되기보다는 더 많은 긴장감을 유발할 수 있다. 부모의 조건에 맞추지 못하면 인정받지 못하거나, 약속을 못 지키게 될까 봐 불안해지는 것이다. 특히 중요한 사람을 실망시키는 것에 취약하다.

이들은 때로 자신이 무리하게 되는 상황에서도 거절하거나 선 긋기를 어려워한다. 그러다가 결국 혼자 과도한 책임을 떠맡고, 다른 사람한테 말도 하지 못하고 혼자 속으로 끙끙 앓을 때가 많다. 이는 다른 사람들의 입장을 너무 많이 헤아리기 때문이기도 하고, "못하겠다."고 거절하면 사람들로부터 더 이상 '열심히 하는 자녀', '잘하는 자녀', '착한 자녀'로 인정받지 못할까 봐 걱정하기 때문이기도 하다.

이러한 자녀의 성격 특성을 고려해 꼭 생각해야 할 3가지는 다음과 같다.

첫째, 가능하다면 주변 환경의 변화에 대해 자녀가 대비할 수 있게 시간을 줄 필요가 있다. 여의치 않다면 갑작스러운 문제 상황에 대한 여러 대안을 부모와 자녀가 함께 찾아보는 연습을 하면서 자녀가 융통성을 발휘하는 방법을 자연스럽게 배울 수 있게 도와주어야 한다.

둘째, 자녀가 실수를 하더라도 "괜찮아."라고 격려해 주고, '~해야 ~ 해 줄게.'와 같은 조건부 표현은 피해야 한다.

셋째, "그건 아빠가 다 하기 힘든데, 우리 같이 할까?"와 같이 자연스럽게 거절하는 법을 자녀와의 관계에서 경험을 통해 알려 주는 것이 좋다.

ISFJ 자녀를 둔 당신을 위한 양육법

🪑 자녀가 유아일 때 기억해야 할 것

일단 집 밖으로 나가 만지고 보게 한다

이들은 오감을 통해 세상을 확인하므로 눈으로 보는 책만으로는 만족하지 못한다. 새로운 것에 대하여 일단 눈으로 보고, 만지고, 괜찮다면 맛보게 하는 것까지 경험하게 해 주자. 비 오는 날 아이에게 우비를 입히고 우산을 들고 나가 빗방울이 떨어지는 소리를 듣게 하다가, 고인 웅덩이에 발을 첨벙거리며 물방울을 튕겨 보게 하자. 그러고 나서는 우산을 접고 온몸으로 비를 맞아 보게 하자. 아마도 아이는 이날을 평생 잊지 못할 것이다. 그렇게 놀고 나서 집에 들어와 따뜻한 물로 샤워하고, 따끈한 우유 한 잔을 마시며, 감기 걱정일랑 자녀의 웃음소리와 함께 훨훨 날려 버리자.

부모의 칭찬이 세상에서 최고다

주변 사람들의 반응을 금방 알아차리고 민감하게 반응하는 자녀에게 엄마의 칭찬과 반응은 무엇이든 할 수 있다는 자신감과 용기를 준다. 무엇이든 할 수 있다는 용기는 더 많은 것을 해 보려는 시도로 바뀌어 자녀의 세상을 훨씬 더 넓혀 줄 수 있다. 내가 가장 좋아하는 부모를 기쁘게 했다는 마음에 자녀는 스스로 '나는 진짜 괜찮은 사람이다.'라고 생각하며 무럭무럭 잘 자랄 것이다.

얌전하지만 너무 많이 우는 편이다

아이라고 해서 무조건 활발한 건 아니다. 얌전하고 조용히 앉아 꼬물꼬물 뭘 만들어 보기도 하고, 먹어 보기도 하는 아이도 있다. 그것이 위험한 것인지, 하면 안 되는 것인지 아이는 모른다. 그저 그것이 궁금했을 뿐이다. 그런데 부모는 위험한 것을 먹으려는 아이를 보고서는 놀라서 소리 지르고 위험한 것을 휙 빼앗아 버린다. 부모의 놀란 큰 목소리를 들으면 자녀는 자신이 잘못한 일 때문에 부모가 화났다고 생각하게 된다.

이 때문에 아이는 슬프게 운다. 화가 났다고 생각한 부모에게 미안한 속마음을 표현할 방법을 몰라 그냥 우는 것이다. 이럴 때는 우는 이유를 물어봐 주자. 물론 자녀는 말 대신 웃음으로 혹은 울음으로 대답하겠지만 말이다.

조용히 알고 싶은 일도 있다

대부분의 아들은 집 밖으로 나가 세상을 알기를 원한다. 그래서 베란다 창가에 매달려 세상을 보려고 하고 집 밖의 산책을 무척 즐거워한다. 그런데 집 밖으로 나가는 것이 활동력이 좋아서 움직이고 싶어 하는 것인지, 아니면 조용히 새로운 세상을 알고 싶어 하는 것인지 관심을 가지고 확인해 볼 필요가 있다. 집 밖으로 나가 새로운 세상을 탐구하고픈 아이들에게는 탐구하기 위한 조용한 시간이 무엇보다 필요하다.

🪑 자녀가 초등학생일 때 기억해야 할 것

익숙해지는 시간이 필요하다

이들은 선생님이 정해 주신 교육의 틀 안에서 공부할 때 오히려 안정감을 느낀다. 이는 반대로 어떤 변화를 맞이하게 되면 그것에 적응하는 데 오랜 시간이 필요하다는 이야기이기도 하다. 이들에게 늘 30분간 공부하던 것을 10분 더 공부하라고 할 경우, 고작 10분 늘리는 것이 뭐가 힘들까 싶지만 이들에게는 '공부는 30분'이라는 정해진 틀을 깨는 일일 수 있다. 그래서 한 번에 10분의 변화보다는 2분씩 늘리는 식으로 5일의 시간이 지나서야 40분이라는 시간을 겨우 인정할 수 있다. 이렇게 늘린 40분의 공부시간이 익숙해지기 위해서는 다시 일주일 혹은 그보다 더 오랜 적응의 시간이 필요할 수 있다.

하고 싶은 일들에 대해 구체적으로 조사한다

초등학생이 되면서 하고 싶은 일들이 직업과 연관되어, 혹은 대학과 연관되어 구체화되기 시작한다. 보통 자녀가 알고 있는 직업과 대학은 부모를 통해 알거나 TV나 인터넷을 통해 알게 된 것이다. 그러나 실제로 세상에는 수많은 다양한 직업이 있고 빠른 속도로 새로운 직업이 생기고 없어진다. 자녀에게 보이지 않는 꿈과 목표를 위해 보다 다양한 직업에 대한 정보를 제공해 주고 체험하게 해 줌으로써 자신의 미래 모습을 꿈꿀 수 있도록 하자.

자녀의 짜증은 화가 아니라 당황스러움일 수 있다

완벽하게 일을 진행하고자 하는 자녀의 경우, 자신의 노력이 예상한 목표를 달성하지 못했거나 예상치 못한 결과를 마주하게 되면 짜증을 내기 쉽다. 그런데 이런 자녀의 짜증은 어른들이 생각하는 감정의 화가 아닐 수 있다. 전혀 예상하지 못한 상황에 대한 당황스러움이거나, 믿었던 자신에 대한 실망감일 수 있다. 자녀의 상황에 빗대어 자녀가 보이는 짜증이 어떠한 것인지를 보아 주고 그에 맞는 위로를 해 줄 필요가 있다.

마무리로 이어지는 일의 만족감이 중요하다

공부건 어떤 일이건 자녀에게는 시작도 중요하지만 일의 마무리가 중요하다. 이들은 어떤 일을 시작한 후 그 일을 끝냈다는 마침표가 찍

혀야 새로운 다른 일을 시작할 수 있다. 하루를 보내고 달력에 표기를 하는 건 오늘 하루의 정리이기도 하지만 내일을 시작하기 위한 준비이기도 하다. 커다란 목표를 하루 단위로 잘라 마무리를 하거나, 오늘 해야 할 일의 목록을 적어 완성한 것들을 지우는 표시를 해도 좋다.

저는 제가 잘하는 것과 부족한 것을 스스로 잘 알아내는 편이에요. 주로 부모님 반응을 보면서 알게 돼요.

만약 저에게 무엇인가를 알려 주고 싶으시다면 제가 잘하는 것, 노력하는 과정 등을 구체적으로 말씀해 주시면서 그것을 활용해서 잘할 수 있는 가능성을 같이 말씀해 주세요.

저는 긴장을 많이 해요. 제가 부족할까 봐, 마음에 드시지 않을까 봐.

제가 가끔 "괜찮아요."라고 말씀드리면, 그것은 "아직은 견딜 만해요."라는 의미일 때가 있어요. 좋아서, 편해서가 아니라 누군가를 위해서라면 해 보고 있는 중일 수 있어요. 그러니 제가 불편함, 거절 등은 잘 표현하지 못한다는 것을 기억해 주세요.

가끔은 제 마음처럼 일이 잘되지 않으면 많이 속상하고 짜증나요. 이것은 누군가에게 화내는 것이 아니라 제 스스로 속상함을 풀어내는 방법이에요.

이 감정을 조금만 허락해 주세요.

저는 부모님을 위해서라면 더 씩씩하고, 더 활동적인 아이가 될 수 있어요. 그렇지만 집에서 조용히 긴장하지 않고 있는 순간을 참 좋아한다는 것도 기억해 주세요.

저는 부모님께 중요한 사람이고 싶어요.

부모-조용하면서도 든든한 관찰자
자녀-개성 강한 혼자 놀기의 달인

에너지 흐름	☐ 외향적	☑ 내향적
정보 수집	☑ 경험 중심	☐ 가치 중심
중요한 결정	☑ 논리적	☐ 관계적
생활 양식	☐ 계획적	☑ 융통성
마음의 이정표	☑ 생산성	☐ 의미
	☐ 인간미	☐ 진리
태도의 기준	☐ 진지한	☐ 행동화
	☑ 관망	☐ 추진력
타고난 기질	☐ 보호자	☐ 이상가
	☑ 장인	☐ 합리적
적응 방식	☑ 현상 유지	☐ 행동 먼저
	☐ 생각 많음	☐ 변화 추구

조용하면서도
든든한 관찰자

규칙에 얽매이지 않고, 어디로 튈지 모르는 자녀의 즉흥성을 있는 그대로 인정해 줄 수 있는 부모이다. 어떤 돌발 상황이 발생해도 유연한 사고방식으로 이성적이고 침착하게 해결해 나가는 듬직한 부모의 면모를 보인다. 자녀에 대해 조바심내거나 과한 기대로 자녀에게 부담을 주지 않는다. 즉 쿨하고 독립적인 부모의 특성을 보인다.

이들은 자녀를 품에 두고 보살피는 대신 자녀와 적당히 떨어져서 지켜보기를 좋아한다. 자신의 생각을 자녀에게 강요하기보다는 자녀가 무슨 생각을 하는지 주의 깊게 듣고, 자녀가 원하는 대로 선택할 수 있도록 적극적으로 격려하기도 한다. 너는 너, 나는 나 식으로 자녀가 부모와 독립된 존재임을 인정해 주는 열린 사고방식의 면모가 있다.

이들은 자녀를 자립시키는 것을 중요시 여긴다. 따라서 자녀가 시행착오를 겪고 좌충우돌하면서 스스로 깨닫고 생각하는 힘을 키울 수 있도록 시간을 주는 것을 어려워하지 않는다. 뒤에서 조용히 지켜보다가 자녀가 많이 힘들어하거나 위험에 처할 때는 바로 도와주는 태도를 취한다. 심각한 상황이 아니라면 자녀가 넘어져도 다시 자신의 힘으로 일어나도록 시간적, 공간적 여유를 준다. 부모가 주는 여유를 통해 자녀는 혼자 힘으로 일어서고 문제를 해결해 나가는 법을 스스로 터득해 나가는 경험의 기회를 얻을 수 있다.

이들은 자녀와 서로 생각을 나누면서 이성적이고 합리적인 결론을 이끌어내는 대화를 즐긴다. 자녀가 스스로 생각하는 힘을 키워 주는데 관심이 많아서 자녀의 생각에 관해 물어보고 부모의 생각을 이야기해 주는 것도 좋아한다. 그 과정을 통해 자녀가 자기 상황을 다양한 각도에서 바라보고 합리적으로 생각할 수 있도록 도와준다.

이런 부분은 고려해야 해요

이들은 지적인 매력이 있지만, 감정을 부드럽게 표현하거나 자녀의 감정을 알아주는 데에는 서투르다. 자녀가 겉으로 뚜렷하게 드러나는 이유 없이 칭얼거리거나, 당장 문제를 해결할 수 없는 상황에서 계속 불평을 늘어놓으면 바로 인내심의 한계를 느낄 수 있다. 자녀가 감정을 강하게 표현하는 것에 대해서도 금세 당황하고, 자녀와 감정에 대한 이야기를 나누는 것을 어색해하고 피하는 편이다.

이들은 독립적이고 자유로운 영혼으로 불리곤 하는데, 그런 만큼 자녀와 계속 붙어 있게 되면 자녀와 일상에 얽매여 있다는 느낌을 더 강하게 받기 쉽다. 매번 규칙적으로 밥을 차리고 자녀의 준비물을 챙기고 자녀와 놀아 주는 일이 반복되다 보면 어딘가 틀에 박히고 지루하다는 기분을 다른 유형의 부모들보다 빨리 느낀다. 집과 자녀에게 얽매여서 지루하게 시간을 보내고 있다는 느낌이 쌓이다 보면 일상적으로 반복되는 육아가 더욱 피곤하게 느껴질 수 있다.

이 유형의 성격적 아킬레스건을 보호하기 위한 3가지 포인트는 다음과 같다.

첫째, 자녀의 건강, 학업, 학교생활, 정서 발달 등 적어도 어느 한 영역에서는 계획을 세우고, 장기간 집중하고 인내할 필요가 있다는 것을 각오한다.

둘째, 편의와 효율을 챙기는 것은 좋지만, 가끔은 열성과 적극성을 자녀에게 모델링해 줄 필요가 있다. 자녀와 충분한 신뢰 관계가 쌓이기 전에는 부모의 털털함이 무관심으로 오해받을 수 있다.

셋째, 부모로서 자녀에 대한 느낌, 감정, 고마운 마음 등을 터놓고 자녀에게 전달하는 시간을 의도적으로 가지려 노력하는 것이 좋다.

ISTP 부모를 위한 양육법

🪑 자녀가 유아일 때 생각해야 할 것

모든 상황이 충분히 괜찮다

아이를 키우면서 예상치 못한 일이 일어나더라도 이들에게는 그 상황이 크게 문제 되지 않는다. 긴급한 상황에서 위기에 대처하는 능력을 타고난 부모 곁에서 자녀는 무엇이든 해 봐도 괜찮은 지원을 받을 수 있다. 이런 유형의 부모를 둔 자녀는 무척 행복하다. 하고 싶은 모든 일을 기꺼이 허락하며 함께하는 든든한 지원군이 늘 함께 있으니 말이다.

하루하루가 처음인 날들이다

어린 자녀를 키우는 일은 생각보다 규칙적이고 체계적인 일들이 필요한 과정이다. 일정한 시간에 잠을 재우고, 우유를 먹이고, 씻기는 모든 과정이 매일 반복된다. 이런 반복적인 일상에 대해 답답함을 느낀다면 어제와 다른 오늘의 일기를 써 보자. '오늘은 아이가 첫걸음을 떼었다.', '오늘은 아이가 진짜라는 단어를 처음 말했다.', '아이가 작년에 입던 옷이 작아졌다.' 규칙적인 날들 속에서 당신의 매일은 자녀와 함께하는 첫날의 연속이 될 것이다.

하고 싶은 일과 해야 할 일을 정한다

많은 부분에 낙관적으로 마음을 쓰는 이들은 즐겁고 행복한 일을 찾기를 원한다. 자녀 양육에서도 그렇고 가족 안에서도 마찬가지이다. 그래서 즉흥적으로 생각나는 일들을 실제로 행동에 옮기는 경우가 많다.

그런데 자녀와 함께하는 상황에서는 부모가 하고 싶은 일이 어린 자녀와 함께할 수 있는 일인지에 대한 고민과 확인이 필요하다. 아무리 부모가 즐겁고 흥분되는 일이라 할지라도 자녀와 함께 있는 상황에서는 부모가 원하는 것을 참아야 할 수도 있다. 그렇게 생각하고 참으면서 부모가 되어 간다.

자녀의 마음과 엄마의 마음이 닿게 한다

이들은 자녀가 울면 기저귀를 바꿔 준다든가 우유를 준다든가 하는 식으로 자녀가 울 만한 상황과 이유를 찾으며 문제를 해결해 주려고 한다. 그런데 이런저런 시도를 해도 자녀의 울음이 그치지 않는다면 그냥 "쉬~~. 괜찮아. 괜찮아. 엄마가 이제 안아 주니 안전해." 하고 말하며 안아 주자. 그러면 자녀는 어느새 안정을 찾는다. 자녀가 엄마 뱃속에서 혹은 신생아 때 아기 띠 안에서 엄마 심장 가까이에 있듯이 그렇게 품에 안아 주자. 아직 어린 자녀에게는 문제의 원인과 해결이 중요하지 않다. 그저 내 울음소리를 듣고 나에게 달려와 나를 안아 주는 따뜻한 부모의 품이 필요한 것이다.

🪑 자녀가 초등학생일 때 생각해야 할 것

부모는 자녀와 친구 같더라도 보호자여야 한다

사람이면 누구나 평등하다는 생각을 하는 이들에게는 부모와 자녀의 관계에서도 평등과 존중이 익숙하다. 그래서 자녀의 권리를 가능한 보장해 주려고 애쓰며 자녀를 존중한다. 그러나 부모는 자녀와 친구 같을 수 없다. 부모는 자녀를 보호해야 하는 보호자여야 하기 때문이다. 자녀의 생각을 존중하고 경청해 주더라도 자녀가 부모를 존경할 수 있는 부분이 반드시 있어야 한다. 그래야 결정적으로 위험하거나 그릇된 순간에 부모가 자녀를 보호할 수 있기 때문이다.

마음속에 있는 사랑은 보이지 않는다

지나는 길에 너무 예쁜 핀이 있어 샀다. 집에 돌아와 자녀에게 선물할 생각에 가슴이 뛰었다. 자녀에게 내밀면서 "이거 한 번 봐.", "아빠가 우리 딸 생각하면서 사 왔어."라고 말하고 싶지만, 막상 딸의 얼굴을 보니 쑥스러워서 하기 어렵다. 한마디로 츤데레 부모이다. 마음은 뜨끈뜨끈 사랑이 가득하지만 표현이 서툴러 그 사랑을 전달하지 못하는 상황이다. 마음이나 사랑은 보이지 않으니 꼭 말해 주고 알려 주어야 한다는 것을 기억하자. 알아서 느끼기에는 자녀가 아직은 어리다는 걸 기억하자.

엄마 퇴근을 시간을 정한다

부모의 시간은 거의 똑같이 반복적이다. 재택근무나 전업육아를 하는 부모라면 더더욱 그렇다. 일어나서 식사 챙기고 자녀들 보살피고 집안일하고, 회사에 출근하고 퇴근하고 하는 일의 연속이다. 반복적인 것에 대해 답답함을 느낀다면 엄마, 아빠도 퇴근 시간을 정해 보자. "엄마(아빠) 집안일은 9시 퇴근이야. 9시 이후에는 엄마(아빠) 하고 싶은 일할 거야~." 늦은 저녁 산책도 좋고, 혼자 노트북으로 영화를 봐도 좋다. 매일 그렇게 하는 것이 어렵다면 일주일에 한 번이라도 부모의 퇴근 시간을 만들자.

자녀 양육은 장기적인 마라톤이다

자녀 양육 계획을 세우고 그 계획과 목표를 위해 오랜 시간을 노력하는 것은 생각보다 어렵다. 자녀가 태어나면서부터 부모의 마라톤은 시작되었다. 오래도록 달려야 할 마라톤이기에 인내심은 기본이다. '유치원만 졸업하면 수월하겠지.', '초등학교만 졸업하면 수월하겠지.' 라고 생각하지만 자녀 양육에 쉬운 순간이 있을까? 양육은 마라톤과 같이 자녀와 함께 손잡고 오래도록 가야 하는 길임을 잊지 말자.

ISTP 자녀

개성 강한
혼자 놀기의 달인

공정함과 합리성을 중시하기 때문에 불의를 보면 참지 못하는 정의로운 면이 있다. 주변에서 간섭을 받으면 반발해서 청개구리처럼 굴지만, 자기 마음에서 우러나오는 목표가 생기면 누가 시키지 않아도 자기 능력을 십분 발휘해 낸다. 개성이 뚜렷하고, 자신이 좋아하는 것은 끝까지 몰입해서 끈기 있게 파고드는 힘이 있다.

이들은 자기만의 세계가 매우 뚜렷하다. 뭔가 관심사가 생기면 거기에 파고들어서 끈기 있게 매달리곤 한다. 마니아 수준으로 관련된 정보를 줄줄 꿰기도 하고, 손재주를 발휘하거나 몸을 움직이는 활동에서는 수준급의 실력을 갖추게 되는 경우도 많다. 반면에 관심 없으면 누가 뭐라고 해도 손가락 하나 까딱하지 않으려고 하는 등 호불호가 강하고 고집이 세다.

이들에게는 부모의 관심과 피드백이 사사건건 간섭으로 전달될 수 있어서 오히려 역효과가 날 때가 많다. 공부, 숙제 등과 관련해서 부모가 세세하게 통제하려고 하면 자녀는 더 크게 반발하고, 스스로 뭔가 해 나가고자 하는 노력을 더욱 하지 않게 되는 강렬한 반응을 하는 유형이다.

이들은 떠밀려서는 꼼짝도 하지 않던 일을 스스로 목표 의식을 갖고 뭔가 해 나가려는 마음을 먹으면 알아서 움직이며 인내심도 강한 모습을 보인다. 부모가 보기에는 답답하더라도 여유를 갖고 좀 더 믿고 기다려 주어야 한다.

특히 공정함, 합리성이라는 기준을 매우 중요하게 여긴다. 논리적인 인과관계나 객관적인 원리에 관심이 많은 만큼, 부모도 이들을 납득시키기 위해서는 그럴 만한 근거와 기준을 갖춰야 한다. 이들은 평상시에는 조용하고 온순해 보이지만, 불공정하거나 불합리한 상황에서는 용납하지 못하고 화를 낼 때가 많다. 이들이 흥분하는 일에는 공정함과 합리성이 연결되어 있는 경우가 많다.

이런 부분은 보완이 필요해요

이 유형의 자녀를 키우는 부모는 "아이가 머리는 좋은 데 노력을 안 해요."라는 말을 하고 싶어질 수 있다. 왜냐하면 이들은 어떤 일이든지 쉽고 간단하게 해결하는 요령을 잘 파악하는 편이기 때문이다. 다만 이게 과해지다 보면 일정 수준 이상으로는 노력하지 않으려고 한다. 복잡하거나 지루한 상황도 어떻게든 해결하거나 견뎌 보려고 하기보다는 피하고 미루려는 태도를 자주 보인다. 노력을 아끼고 요령에 의존하게 되는 셈이다.

이들은 자유로운 것, 자발적인 것을 좋아하고 혼자만의 시간을 누리면서 자기 세계에 몰두하기를 즐긴다. 그러다 보니 어린이집, 유치원, 학교 등 불가피하게 규칙을 따라야 하는 단체 생활을 버거워한다. 여러 사람이 함께 어울리기 위해서는 일정한 틀이 필요한데, 이들은 이 틀을 일종의 구속으로 받아들이고 답답해한다. 반항이 아닌, 이들에게는 구조 자체가 구속인 것이다.

이러한 자녀의 성격 특성을 고려해 꼭 생각해야 할 3가지는 다음과 같다.

첫째, 자녀에게 노력하라고 강요하는 대신, 자녀가 목표 의식을 갖고 자발적으로 움직일 수 있도록 '해야 할 일'과 자녀의 관심사를 연결해 주어야 한다.

둘째, 자녀가 혼자만의 시간을 즐길 수 있도록 여유를 허락해 준다.

셋째, 자녀와 뭔가 약속하거나 규칙을 정할 때는 큰 범위 안에서 정하는 것이 좋다. 너무 세세한 계획은 간섭과 잔소리로 인식되어 자발성을 떨어뜨리거나 긁어 부스럼이 되기 쉽다.

ISTP자녀를 둔 당신을 위한 양육법

🪑 자녀가 유아일 때 기억해야 할 것

일단 재미있어야 한다

이들은 무엇이든 일단 흥미로워야 한다. 자녀에게 뭔가 새로운 것을 가르치고자 한다면 일단 재미있고 흥미로운 것부터 시작하자. 흥미로부터 촉발된 자녀의 집중력은 어쩌면 체계적인 계획으로 접근한 시도보다 훨씬 더 강력한 효과를 얻을 수 있다.

겁 없는 도전으로 세상을 알게 된다

이들은 무언가를 시도하는 것에 주저함이 없다. 무모한 시도가 흥미로움과 연결되기도 한다. 많은 것을 알지 못해서 모든 것이 새롭기에 이들의 관심과 흥미는 더 폭발적이다. 이런 자녀들에게는 "위험해.", "조심해."라고 하기보다 위험한 상황을 대비하고 있는 부모 곁에서 "안전하게 네가 하고 싶은 일들을 충분히 경험하라."고 하는 응원이 자녀를 더 크게 성장시킨다. 자녀는 안전까지 고려하며 행동하지는 않는다. 그 안전을 위해 부모가 곁에 있는 것이다.

금방 싫증내지만 금방 다시 시작한다

이들은 갑자기 느껴지는 흥미로움에 무언가를 시작했지만 흥미로움이 사라지면 동시에 시작한 일도 그대로 끝내고 만다. 이런 자녀를 보면 부모는 걱정할 수밖에 없다. 인내가 세상을 살며 얼마나 중요하고 필요한지 알고 있기 때문이다. 하지만 내 자녀는 고작 7살이다. 싫증을 내는 건 인내심이 없어서가 아니라 재미가 없어졌기 때문이다.

끈기가 없는 자녀를 걱정할 것이 아니라 잠시 시간이 흐른 뒤 부모가 먼저 자녀가 미처 발견하지 못한 흥미로움을 찾아 자녀가 조금 전에 싫증내던 일을 재미있게 시작해 보자. 그러면 자녀는 궁금증과 새로운 흥미로움으로 마치 처음처럼 그 일을 다시 시작할 것이다.

관심 있는 일에는 눈동자가 하늘을 향한다

이들은 생각하는 동안에 눈동자가 하늘을 향해 있다. 그 작은 머리로 무슨 생각을 그리 많이 하는 건지, 궁금하거나 관심 있는 일이 생길 때는 눈동자가 하늘을 향한다. 만지고, 들어 보고, 냄새 맡아 보고, 생각하는 시간을 부모가 방해하지 말아야 한다.

무슨 생각을 했는지도 묻지 말자. 자녀가 충분히 집중하고 생각한 것을 설혹 금방 잊더라도 그 짧은 시간 동안 자녀는 자기만의 세상을 꿈꾸었을지도 모를 일이다. 그렇게 자녀는 자기의 생각 세상을 열심히 넓히는 중이라는 것을 기억하자. 부모가 그 세상을 꼭 알아보려는 마음은 마음속에 간직하자.

🪑 자녀가 초등학생일 때 기억해야 할 것

많은 것이 흥미로워 선택이 어렵다

이들은 흥미로운 많은 것 중에서 무언가를 선택하려고 할 때 오히려 멈칫거리며 망설인다. 선택한 후에 더 재미있는 일이 생기거나 더 좋은 것을 발견할지 모른다는 이유 때문이다.

무언가를 선택할 때는 흥미로움도 중요하지만 생각할 수 있는 최선의 것들을 신중히 고민하고 작은 것부터 선택한 것에 대해 만족하는 연습이 필요하다. 단순히 흥미만의 선택이 아니라 선택의 이유를 스스로에게 설명한다면 이후 더 좋은 것을 발견했을 때 아쉬워하더라도 후회는 하지 않는 힘이 되어 줄 것이다.

끊임없이 묻고 또 묻는다

이미 딱 정해진 결론을 그대로 따르자고 하는 것보다 자녀에게 왜 이렇게 해야 하는지, 왜 그렇게 생각하는지에 관해 물어보자. 자녀는 나름의 논리로 또박또박 자기 생각을 이야기하면서 질문과 목표에 대해 다시 한 번 정리할 기회를 얻게 된다.

부모가 무언가에 대해 결론을 전달해 주기보다 결론에 도달할 수 있도록 자녀에게 끊임없이 물어 주면 자녀는 그 질문에 대답하며 스스로 결론에 도달하게 된다. 부모의 질문에 자신의 생각을 이야기하고 있는 스스로에게 뿌듯해하면서 말이다.

노력으로 얻은 성공 경험이 필요하다

대부분의 일에 계획을 세우지 않고 즉흥적으로 행동하는 자녀를 보는 부모의 마음은 늘 애가 탄다. 이들은 내일이 시험인데도 만사태평으로 시험은 문제없다며 큰소리치기 일쑤다. 이런 자녀에게는 결과는 노력한 만큼의 대가라는 교육과 훈련이 필요하다. 어려운 일을 참고 견디며 스스로 노력을 통해 이루어 낸 성공 경험은 자녀에게 흥미롭지 않고 어려운 일들을 견뎌 낼 힘이 되어 줄 것이다.

마음을 표현하는 연습이 필요하다

"고마워!", "미안해!", "괜찮아?", "내가 잘못했어." 마음 표현이 서툰 이들에게는 감사의 말이나 자신의 실수를 입 밖으로 표현하는 일이 너무도 어렵다. 부끄럽기도 하고, 사과하면 자존심이 상하는 것 같기도 하다. 하지만 마음을 표현하는 일은 상대방을 위해서이기도 하지만 바로 자녀 스스로를 위해서 필요하다. 상대방에게 내 마음을 정확히 전달하기 위해서이기도 하고, 그 문제에 대해 내 마음을 정리하기 위해서도 표현하는 연습이 필요하다.

ISTP
자녀의 속마음

오늘도 부모님께서는 저에 관해서 걱정을 하셨어요. 하나를 진득하게 오래 하지 못한다고요. 집중력이나 인내심이 부족한 것이 아닌지 부모님께서 서로 말씀하시는 소리도 들었어요.

그런데 저는 세상에 흥미로운 것이 너무 많아요. 흥미로운 것, 재미있는 것을 찾아 직접 시도하고 경험하는 즐거움이 클 뿐이에요.

걱정하지 않으셔도 돼요. 방구석에서 혼자 무엇인가를 하면서 바쁜 저에게, 사회성이 부족한가 염려하지 않으셨으면 좋겠어요. 저는 사람이 싫은 게 아니고, 혼자서도 즐겁게 놀 수 있는 게 많을 뿐이에요.

저에게 너무 구체적인 계획이나 규칙은 불편하고 답답해요. 제 마음대로 할 수 있는 게 별로 없다는 느낌이에요.

꼭 해야 하는 것, 중요한 것을 구별해서 말씀해 주시면 그것은 열심히 노력해 볼게요.

그런데 그 모습을 부모님께서 흡족해하실지는 모르겠어요. 왜냐하면 저에게 재미있는 일이 연결될 때 저는 더 잘해 낼 수 있으니까요.

마지막으로 꼭 부탁드리고 싶은데요.

제가 사과하지 않고 잘못을 인정하지 않는 것은 고집을 피우는 것이 아니라 말로 표현하는 것이 어려운 것이란 것을 믿어 주세요.

말하지 않았지만, 수십 번 미안했고, 고마웠어요.

ISFP

부모-아낌없이 주는 나무
자녀-조용하면서도 끼가 많은 순둥이

에너지 흐름	☐ 외향적	☑ 내향적
정보 수집	☑ 경험 중심	☐ 가치 중심
중요한 결정	☐ 논리적	☑ 관계적
생활 양식	☐ 계획적	☑ 융통성
마음의 이정표	☐ 생산성	☐ 의미
	☑ 인간미	☐ 진리
태도의 기준	☐ 진지한	☐ 행동화
	☑ 관망	☐ 추진력
타고난 기질	☐ 보호자	☐ 이상가
	☑ 장인	☐ 합리적
적응 방식	☑ 현상 유지	☐ 행동 먼저
	☐ 생각 많음	☐ 변화 추구

ISFP 부모의 재발견

아낌없이 주는 나무

자녀의 성장에 대해 조바심내지 않고 여유를 즐기며 자녀에게 편안함을 제공하는 부모이다. 자녀를 섬세하게 돌보면서 그 안에서 자녀와의 행복을 '찾을 수 있는' 부모의 특성을 지니고 있다. 말보다 행동 그 자체로 직접 따뜻함을 느끼게 해 준다.

이들은 자녀에게 다정하고 상냥하게 대해 주고, 자녀가 속상해하거나 짜증을 내면서 표현해도 친절하게 잘 달래 준다. 자녀의 기분을 세심하게 살피고 공감해 주면서 "그럴 수 있어. 괜찮아." 하며 너그럽게 토닥여 준다.

이들은 이러한 무조건적인 지지와 돌봄을 유창한 말로 표현하기보다 세심한 말이나 표정, 행동으로 보여 주고 경험시켜 준다. 예를 들어, 자녀를 품에 꼭 안아 주거나, 등을 토닥여 주거나, 하이파이브를 하는 등 가벼운 스킨십을 통해서 자녀의 마음을 잘 어루만져 준다.

이들은 자녀를 늘 조용히 관찰하면서 자녀가 무엇을 필요로 하는지 빠르게 알아차리고, 부모 모드로 즉각 전환해서 자녀에게 맞춰 준다. 예를 들어, 자녀가 칭얼거리는 것을 보면 왜 칭얼거리는지를 빠르게 이해하고, 자녀가 그 순간에 필요로 하는 것을 제공해 준다. 그래서 자녀가 갑작스럽게 변덕을 부려도 크게 힘들어하거나 당황하지 않는다.

이들은 자녀를 가르칠 때 뭔가를 설득하거나 강요하지 않는다. 대신 자녀에게 직접 행동으로 모범을 보여 주고, 자녀 수준에 맞는 맞춤형 예시를 들어 주면서 자연스럽게 배워 나갈 수 있게 해 준다. 자녀의 눈높이에 맞는 이야기로 설명해 주고, 배움이 마치 물이 자연스레 스며들 듯 자녀의 몸에 스며들도록 천천히 침범하지 않는 양육을 한다.

이런 부분은 고려해야 해요

이들은 자녀가 원하는 것에 너무 마음을 쓴 나머지, 때로는 "안 돼."라고 말해야 할 때도 말하기 어려워하는 면이 있다. 자녀를 키울 때 자녀의 요구에 세심하게 관심을 기울이고 맞춰 주는 것 못지않게 때로는 한계를 정하는 것이 필요하다는 것은 우리 모두 아는 사실이다. 하지만 이들은 자녀에게 "이건 되고 저건 안 돼."라고 단호하게 제한하거나, "이렇게 해."라고 명확하게 지시하는 것이 상대적으로 서투르다.

그래서 자칫하면 자녀의 요구에 끌려 다닐 수 있다. 이들은 자녀가 좋아하는 것과 싫어하는 것, 자녀에게 필요한 것을 정확하게 파악하는 데 에너지를 과도하게 쏟은 나머지, 정작 자신의 컨디션이나 마음 상태에 대해서는 잘 모를 때가 많다. 그러다 보면 자신을 돌보지 못하고 지칠 수 있고, 자녀가 부모에게 너무 많은 걸 요구한다고 느끼게 되면서 자녀에게 더 화를 내기도 한다.

이들은 자녀에게 섬세하게 마음을 쓰다 보니 상대적으로 다른 집안일이나 업무 등을 신속하게 시간 맞춰서 처리하는 것을 어려워하는 면이 있다. 아침부터 자녀의 여러 행동에 관심을 쏟아 주다가 정작 어린이집 등원 준비가 늦어지기도 하고, 자녀를 돌보면서 청소, 빨래 등의 집안일을 멀티태스킹해야 할 때에도 자꾸 일이 늘어진다. 자녀의 시도를 함께 기꺼이 동참해 주지만, 하나의 활동을 꾸준히 하는 것에는 뒷심이 떨어지는 편이기도 하다.

이 유형의 성격적 아킬레스건을 보호하기 위한 3가지 포인트는 다음과 같다.

첫째, 자녀에게 때로는 명확한 지시가 필요하다. 해도 되는 것과 안 되는 것을 명확하게 제한해 주는 것이 때로는 자녀에게 안정감을 줄 수 있다.

둘째, 자녀의 모든 요구를 응해 주다가 자신이 사라지지는 않아야 한다. 나라는 존재도 있음을 기억하자.

셋째, 자녀의 요청에 따라 다양한 것을 시도하되, 이를 꾸준히 해 보거나 꼭 끝까지 마무리를 해 보자.

ISFP 부모를 위한 양육법

🪑 자녀가 유아일 때 생각해야 할 것

자신을 위한 30분 티타임을 갖는다

자녀가 어린이집이나 유치원에 가 있는 동안, 자신을 위한 30분의 티타임은 하루를 보낼 에너지를 만들기 위해 꼭 필요한 시간이다. 꼭 커피나 차를 마시지 않더라도 나를 위해 차 한 잔을 만들거나 따뜻한 온기의 머그잔을 들고 창밖을 보고 있는 내 모습을 스스로 보아 주는 만족감으로도 충분하다.

자녀와의 약속 리스트를 만든다

이번 주에 자녀와 지켜야 할 리스트를 냉장고 한편에 붙여 보자. 리스트를 자녀와 함께 만들면서 할 수 있는 일과 할 수 없는 일, 해야 하는 일과 하지 않아도 되는 일에 대해 함께 이야기하며 정하는 시간은 부모뿐만 아니라 자녀에게도 효과 만점이다. 자녀는 약속을 지켜야 하는 이유와 기다림을, 부모는 우선순위와 구별하는 기회를 얻을 수 있다.

모든 일을 완벽하게 할 수는 없다

육아와 집안일을 모두 완벽하게 할 수는 없다. 만족의 기준과 완벽의 기준에 대해 스스로 엄격하다 보면 과한 피로와 긴장이 몰려와 오히려 잘하려고 애썼던 자녀에게 부정적 반응을 보일 수도 있다. 이럴 때는 배우자 찬스를 쓰자. "여보 나 좀 도와줘요." 도움을 요청하는 것은 부족한 것이 아니다. 함께할 기회를 서로에게 주는 것이다.

자녀에게도 할 수 있는 기회를 준다

자녀의 일에 최선을 다하고 있지만 잠깐 멈춤의 시간을 갖자. '지금 내가 자녀를 위해 도우려는 이 일이 정말 부모의 도움이 필요한 걸까?' 아니면 '잘하지는 못하지만 자녀가 스스로 하는 모습을 응원하고 지지해야 하는 일일까?' 부모의 양육에는 자녀가 스스로 할 수 있는 기회를 제공하는 부분도 분명 포함되어 있다.

🪑 자녀가 초등학생일 때 생각해야 할 것

'늘 너와 함께할 것'이라는 마음을 전한다

본격적으로 사회생활을 시작하면서 자녀는 지금껏 겪어 보지 못한 여러 어려움을 마주하게 된다. 친구 사이의 관계일 수도 있고, 학업의 어려움일 수도 있고, 상황에 대한 대처일 수도 있다. 그런데 자녀가 그런 상황에 처할 때마다 부모가 도와줄 수는 없다. 그런 일들을 겪어 내고 돌아온 자녀를 따뜻하게 품어 주며 '엄마가, 아빠가 늘 너와 함께할 것'이라는 마음을 전달해 주자.

자녀는 언제나 내 아기로 있지 않는다

아직도 아기 같은데 어느 순간 자기 방문을 꼭 닫고 방 안에서 나오지 않는 자녀를 보면 부모는 가슴 한편이 서늘해진다. '혹시 무슨 일이 있나?', '나와 왜 말을 하기 싫어하지?', '우리 아이가 왜 이렇게 달라질까?' 이는 지금까지 부모가 키도 크고 마음도 크도록 마음과 정성을 다해 키운 결과이다. 자녀의 변화는 부모를 싫어하는 것도 피하는 것도 아니다. 건강하게 잘 자라고 있다는, 부모가 잘 키웠다는 증거이니 오히려 뿌듯해할 일이다.

우리 집 약속을 정한다

가정이라고 해서 무엇이든 다 용납되는 곳은 아니다. 부모라고 해서 다 헌신적으로 자녀의 요구를 맞춰 주어야 하는 것도 아니다. 부모이기에 해야 하는 일이 있듯 자녀도 자녀이기에 해야 하는 일이 있음을 함께 정하고, 함께 만든 규칙을 예쁘게 꾸며 잘 보이는 곳에 걸어 두자. 맡겨진 역할은 그에 따른 책임도 함께 부여되는 일이기에 자녀 스스로 자신을 조율하는 능력을 기를 기회가 되기도 한다.

부모의 주간 계획표를 만든다

아이가 학교에 들어가면 주간 학습표와 준비물, 시험 등 부모가 챙겨야 할 것이 생각보다 많다. 부모의 주간 계획표를 만들어 냉장고 한 편에 붙여 두면 실제로 시험과 준비물을 누락할 위험성이 훨씬 줄어들 뿐만 아니라 부모에게는 혹시 모를 일에 대한 불안을 줄여 줄 수 있다. 꼼꼼하게 자녀를 도와주고 뭐든지 알아서 준비해 주는 능력자인 당신 을 멋지게 바라봐 주는 자녀의 시선으로 당신은 이미 최고의 부모이다.

조용하면서도 끼가 많은 순둥이

　변화하는 매 순간을 즐기면서 몸으로 직접 부딪치거나, 언어를 넘어서서 자신의 오감과 신체 움직임을 활용하여 다른 대상과 교감하는 데에 뛰어나다. 겉으로는 수줍은 모습이 두드러지지만, 그 안에는 예술적인 끼와 감각이 반짝거리고 있다. 조용하면서도 알고 보면 배려심 많고 너그럽고 따뜻한 마음을 지녔다.

　이들은 순하고 너그러운 마음이 돋보인다. 다른 사람들의 입장을 잘 배려하고, 자신이 불편한 점이 있어도 다른 사람을 헤아리면서 자신의 불편함을 참고 넘어갈 때도 많다. 그래서 친구들하고 싸우는 일이 드물다. 선입견이 적고 사람들을 열린 마음으로 대하기 때문에 친구들과 두루두루 잘 어울린다.

이들은 조용하고 부끄럼이 많기 때문에 처음 보는 사람들에게 먼저 다가가서 말을 거는 등 적극적으로 나서는 것은 불편해하고 주저할 수 있다. 하지만 놀이나 단체 활동 등을 함께하다 보면 특유의 열린 마음과 너그러움 덕분에 어느새 자연스럽게 주변 또래들과 친구가 되어 있다.

이들은 수줍음이 많아서 자신을 잘 드러내지 않으려고 한다. 수업할 때 발표 시간에는 나서기를 싫어하고, 나서야 하는 자리를 일단 피하려는 경우도 많다. 하지만 이러한 수줍고 조용한 모습의 이면에는 반짝거리는 끼가 숨겨져 있다. 예를 들어, 학예회 준비를 할 때는 뒤에서 부끄러워하고 어색해하다가도 막상 학예회 당일에 마련된 무대 위에서는 놀라울 정도로 멋진 춤과 노래를 보여 준다든가 하는 반전매력이 있다.

이들은 매 순간의 즐거움과 새로운 경험을 좋아하기 때문에 공부할 때에도 딱딱한 설명이나 반복 훈련은 지겨워한다. 그래서 게임, 실습 활동 등을 활용한 학습에 더 잘 집중하는 편이다. 다양한 재료를 가지고 뭔가 만드는 등 손을 움직이거나 오감을 활용하고 몸으로 부딪치는 활동에 흥미를 보인다. 책을 읽을 때는 오래 앉아 있지 못하는데 블록으로 뭔가 만들 때는 1시간, 2시간이고 자리에서 일어나지도 않고 집중한다. 동물이나 식물을 키우는 것도 좋아하고 소질도 보인다. 정성스럽게 물을 주고, 씻기고, 빗질하고, 챙기는 등 자신의 손과 감각을 활용하여 동식물과 교감하는 능력이 있기 때문이다.

이런 부분은 보완이 필요해요

이들은 매 순간 나타나는 새로운 경험과 새로운 즐거움에 관심이 많다 보니, 한 가지 활동에 끈기 있게 집중하기를 어려워하는 경우가 많다. 예를 들어, 재밌어 보이는 책을 읽기 시작했지만, 곧 친구가 관심 있는 연예인 이야기를 시작하면 바로 친구의 이야기에 주의를 기울이고 책은 뒷전으로 밀려난다.

선생님에게 혼날 정도로 눈에 띄게 행동이 부산스러운 건 아니지만 관심사에 따라 주의가 바로 옮겨 다니다 보니 은근히 산만한 느낌으로 관찰될 수 있다. 매 순간 새롭게 주의를 끄는 것에 관심을 기울이다가 종종 정해진 시간 안에 숙제 제출하는 것을 어려워하거나 과제를 미루는 등 행동 지연을 보이기도 한다.

자신이 주인공이 되기 위해 먼저 나서려고 하기보다는 다른 사람들을 먼저 배려하고 헤아리려고 하는 마음이 두드러진다. 다만 때로는 이런 배려심 많고 겸손한 마음이 지나치게 커진 나머지, 자신의 장점을 알아채지 못하고 스스로 '못난이'라고 평가하기도 한다. 그러면서 스스로 주눅 들고 자신감 없는 모습을 보이기도 한다.

이들은 가족들, 친구들 등 주변 사람들의 입장을 지나치게 살피다 보니 무리한 요구를 거절하지 못하고 다른 사람들에게 끌려 다닐 수도 있다. 자기 의견을 말해야 하는 순간에도 의견을 드러내지 못하고 친구들에게 마냥 맞춰 준다. 그러다가 어느 순간에 갑작스럽게 폭발해서 짜증을 내거나 터무니없이 고집을 부려서 부모를 당황하게 만들기도 한다.

이러한 자녀의 성격 특성을 고려해 꼭 생각해야 할 3가지는 다음과 같다.

첫째, 자녀가 좋아하는 일과 싫어하는 일을 적절히 분배해서 할 수 있게끔 일과를 짜 주고 시간 설정도 명확하게 해 주는 것이 중요하다. 주변의 새롭고 신기한 일들로 자녀의 주의가 흐트러지면서 해야 할 일을 꾸물거리지 않도록 주변 환경을 미리 정리해 주는 것도 좋다.

둘째, 자녀가 무엇을 잘하고 어떤 강점이 있는지 구체적으로 자녀에게 와 닿게 칭찬해 준다.

셋째, 부모와의 연습을 통해서 상황에 맞게 자기 의견을 표현하고 무리한 요구를 거절하는 법을 자녀가 습득할 수 있게 해 주는 것이 필요하다.

ISFP 자녀를 둔 당신을 위한 양육법

🪑 자녀가 유아일 때 기억해야 할 것

아프고, 맛없는 것들을 경험한다

위험한 일이 아니라면 직접 만져 보고 먹어 보아 알게 되는 배움이 무엇보다 효과적이다. 날카로운 것에 찔리면 아프다는 것, 소금은 짜다는 것 등을 알게 하는 것이다. 예를 들어, 장난감 자동차가 빠르게 달려와 자녀의 손을 아프게 부딪치게 한 후 "그래서 차가 오면 조심해야 해."라고 알려 주는 방식으로 직접 보여 주고 경험하게 하는 것이 좋다.

오래도록 꼭 안아 준다

아이는 "사랑해."라는 말보다 따뜻하게 안아 주는 부모 품에서 사랑을 느낄 수 있다. 무엇이 잘했다, 무엇이 예쁘다는 이유보다 안아 주는 품의 따뜻함과 편안함으로 자녀는 충분히 칭찬받았다고 느낀다. 자녀가 몸으로 느낀 부모의 사랑은 부모가 예측하는 것보다 훨씬 오래도록 많은 것을 기억하게 한다.

자녀의 세상은 부모이다

이들은 자기가 잘하고 못하는 것의 평가를 오롯이 부모의 표정과 목소리로 알 수 있다. 그것도 아주 빠르게 부모의 기분을 느낄 수 있다. 부모가 웃는 날은 '내가 참 괜찮은 자녀'로 느껴지고, 부모가 화난 날은 '내가 참 나쁜 자녀'가 되는 것이다. 자녀의 세상에서 주인공이 된 부모는 열혈 배우가 되어야 한다.

신나고 즐거운 세상에서 마음껏 놀게 한다

즐거움이 흥미로움이 되고, 흥미가 생겨야 무엇이든 할 수 있는 동력이 생기는 이들이니 자녀가 하고 싶은 일을 마음껏 해 보게 하자. 생각지도 못한 아이디어로 어디로 튈지 모르지만 무엇이든지 흡수할 수 있어 무한한 가능성을 품고 있다. 자녀는 지금 놀아 본 세상에서 더 큰 세상을 꿈꾸며 자신이 꿈꾼 세상을 만들기 위해 자라고 있다.

🪜 자녀가 초등학생일 때 기억해야 할 것

20분을 2시간처럼 보내게 한다

이들은 집중력이 짧아 학습에 대한 걱정이 생길 수 있다. 그런데 짧은 집중력의 시간 동안 생각보다 많은 분량의 학습을 할 수도 있다. 짧은 집중력을 유지하기 위해서는 한 과목을 오래 공부하는 것보다 과목이나 문제집을 바꾸면서 매번 다른 공부를 하는 듯한 느낌을 주어 집중력을 새로 요구하는 공부 방법을 택해 보자.

경쟁의 목표보다 도움의 목표를 잡는다

누군가를 이기기 위해서나, 어느 기준보다 더 좋은 성적을 얻기 위한 목표 설정보다는 다른 사람들을 더 많이 도울 수 있는 목표를 설정하거나 주변 사람들에게 인정받을 수 있는 목표를 정해 보자. 더 좋은 사람이 되기 위한 조건으로, 다른 사람들에게 칭찬받을 수 있는 학생이 되기 위해서라는 목표를 삼는다면 분명 자신이 세운 목표를 위해한 걸음씩 좋은 사람이 되어 갈 것이다.

체계적인 계획보다는 큰 그림의 가이드를 준다

이들에게는 꼼꼼한 계획표를 세워 시간을 보내고 공부를 하는 것이 정말 어려운 일이다. 학교 시간표대로 순서에 맞추어 공부하기도 쉽지 않은데 집에서의 생활까지 계획적이라면 자녀는 어디서도 편히 쉴 곳이 없다. 하루 단위의 계획표보다는 해야 할 일과 하지 말아야 할 일에 대한 큰 그림의 가이드에서부터 시작하여 하루에 해야 할 공부 양이나 운동 양 등을 정해 주는 방식으로 계획을 세워 줄 필요가 있다.

나름의 생각을 존중해 준다

나이와 상관없이 이들은 자신의 생각에 대한 확고한 신념이 있다. 순하디 순한 것처럼 보이는 자녀에게도 절대 타협이 안 되는 무엇이 있다. 자녀가 어떤 생각을 확고하게 주장할 때 그것이 고집처럼 느껴진다면 그것에 대해 자녀의 생각을 물어보고 확인하자. 분명 자녀만의 이유가 있을 것이다. 그 이유가 옳든 그르든 일단 자녀의 이유를 존중한 다음 자녀에게 조용히 부모의 생각을 설명하고, 부모와 자녀의 생각이 어째서 서로 다른지 알아보자.

ISFP
자녀의 속마음

저는 조용하고 부끄러움이 많은 편이에요. 그래서 처음 보는 사람들 앞에서 노래를 부르라고 시키시면 가끔은 좀 힘들어요. 그렇지만 사실 저는 제 마음의 무엇인가를 표현하고 싶은 마음은 있어요.

가끔 제가 문을 닫고 제 방에서 있다가 한참 후 땀이 범벅이 되어서 나오는 날은 전신거울 앞에서 신나게 춤을 추고 저를 표현하는 시간을 보낸 거예요. 물론 이런 모습은 준비가 되면 부모님께 보여 드릴 수 있고, 실제로 저는 이런 주인공이 되는 것을 좋아하기도 해요.

저는 배우는 것을 싫어하는 것은 아니지만, 저에게는 공부를 어떻게 하는지에 대한 방법이 중요한 것 같아요. 딱딱하게 논리적으로 설명해 주시고 글자로만 공부를 해야 한다면, 저는 오래 집중하는 게 어려워요.

가끔은 당장 관심 있는 것들을 하다 보니까 준비물이나 숙제를 놓치기도 하는데요. 성실하지 않은 게 아니라 저에게 더 관심이 있는 일에 빠지다 보면 해야 할 일들을 깜박하는 거라고 생각해 주세요.

저는 제가 원하는 것만큼이나 부모님, 친구들이 원하는 것을 열심히 듣고 기억하려고 해요. 그래서 가끔은 저는 '내가 뭘 원하는지'를 모를 때가 있어요. 제 마음은 부모님께서 물어봐 주실래요?

거절을 하지 못해서 수락하는 많은 요구가 가끔은 힘들어서 울기도 하고 짜증이 나요. 그러니 저에게 너무 많이 바라지 말아 주세요. 바라시는 걸 듣게 되면 다 해 드리고 싶어져요. 사랑하니까요.

부모-성장의 길잡이
자녀-섬세한 상상력 대장

에너지 흐름	☐ 외향적	☑ 내향적
정보 수집	☐ 경험 중심	☑ 가치 중심
중요한 결정	☐ 논리적	☑ 관계적
생활 양식	☑ 계획적	☐ 융통성
마음의 이정표	☐ 생산성	☑ 의미
	☐ 인간미	☐ 진리
태도의 기준	☑ 진지한	☐ 행동화
	☐ 관망	☐ 추진력
타고난 기질	☐ 보호자	☑ 이상가
	☐ 장인	☐ 합리적
적응 방식	☐ 현상 유지	☐ 행동 먼저
	☑ 생각 많음	☐ 변화 추구

INFJ 부모

INFJ 부모의 재발견

성장의
길잡이

양육 과정을 자신의 성장과 연결해 가치 있는 행위라고 느끼는 열정적인 부모이다. 자녀가 자신이 사랑받는다고 느끼도록 자녀의 말을 잘 들어 주고, 자녀의 감정을 살피려고 한다. 자녀의 존재 자체를 존중하며, 그들의 잠재력을 독립적으로 펼칠 수 있도록 긍정적 태도를 심어 주고 자녀의 시야를 넓게 해 주는 부모이다.

이들은 자녀가 어떤 가능성과 잠재력을 가졌는지 정확하게 파악하는 안목을 갖추고 있다. 일상적인 대화에서도 자녀만의 고유한 색깔과 강점을 발견하고, 이를 자녀에게 알려 준다. 이 과정을 통해 자녀는 자신이 무엇을 좋아하고 싫어하는지, 자신이 어떤 사람인지를 더 분명하게 이해하게 된다.

이들은 자녀의 감정에 민감하기 때문에 자녀가 지금 무엇을 느끼고 있는지 정확하게 이해하는 편이다. 불안함, 좌절, 화 등 자녀에게 버겁게 느껴질 수 있는 감정에 대해서도 섬세하게 공감해 주면서 자녀가 이러한 감정을 덜 부담스럽게 받아들이도록 도와준다. 예를 들어, 계속 짜증을 내면서 울먹거리는 자녀에게 "이렇게 짜증내는 걸 보니 우리 ○○가 지금 아주 속상하구나? 이번 시합에서 1등 하고 싶었는데 1등 못 해서 말이야."라고 말해 주면서 자녀도 미처 모르던 마음을 차근차근 읽어 준다. 이런 말을 통해 자녀는 속상하고 힘든 마음을 이해받고 더 자세히 털어놓으면서 한결 마음이 가벼워질 수 있다.

이들은 자녀가 궁금한 것들에 대해 질문할 때 이에 맞장구를 쳐 주면서 자녀가 더욱 다양한 관점으로 세상을 바라볼 수 있게 도와준다. 그러면서 자녀의 질문을 우리의 삶에 숨어 있는 교훈이나 가치와 연결해서 자녀가 더욱 깊이 있게 세상을 바라볼 수 있는 길을 열어 주기도 한다. 예를 들어, "왜 저 사람은 얼굴이 하얗고 저 사람은 얼굴이 까매?"라는 자녀의 질문에 대해 당신은 "그러네. 피부 색깔이 다르네. 그럼, 피부색은 다르지만, 저 사람들이랑 우리가 뭐가 같을까?"라고 이야기하면서 사람의 보편성, 평등함이라는 주제를 자녀가 자연스럽게 접하게 해 줄 수 있다.

이런 부분은 고려해야 해요

이들은 마음속에서 늘 이상을 추구하기 때문에 자신과 다른 사람들에 대해서 비현실적인 기대를 품을 때가 많다. 질서 정연함을 좋아해서 가정도 반듯하게 정돈된 상태로 만들고 싶은 마음이 강하지만 정작 현실에서는 세세한 것을 꼼꼼하게 챙기는 것이 서툴러서 자녀를 매일 씻기고 빨래, 청소 등 집안일을 규칙적으로 해 나가는 걸 부담스러워하고 쉽게 지친다. 스스로의 이상과 현실이 충돌하게 되면 이상에 도달하지 못하는 자신을 비난하기도 한다. 자신의 이상을 기준으로 비현실적인 요구를 하면서 스트레스를 받는 것이다.

이들은 자녀의 마음에 섬세하게 공감하지만, 때로는 자녀의 감정을 너무 내 것처럼 느낀 나머지 자녀가 상처를 받고 힘들어하면 자신이 자녀를 지켜보는 것조차 힘겨워하고 안절부절못한다. 자녀와 서로 부딪치는 걸 힘들어하다 보니 자신을 희생하면서까지 자녀에게 지나치게 맞춰 주기도 한다. 그러다 보면 자녀의 무리한 요구는 계속 늘어나고 자신은 계속 지치면서 화가 쌓이는 악순환이 발생할 수 있다.

이 유형의 성격적 아킬레스건을 보호하기 위한 3가지 포인트는 다음과 같다.

첫째, 자녀의 '의미 없어 보이는' 행동과 취미를 부모의 관점에서 무시하기보다는 있는 그대로 인정해 주려는 노력이 필요하다.

둘째, 식사 시간을 규칙적으로 챙기는 등 자녀에게 실질적이고 구체적인 도움을 주고 산책, 놀이 등을 통해 감각적인 경험을 일깨우는 것

역시 육아의 중요한 부분임을 기억하고 실천할 필요가 있다.

셋째, 말다툼과 갈등도 성장의 과정임을 받아들여야 한다. '화목하고 사랑이 넘치는 가정'이라는 이상과 '복닥거리는 가정'이라는 현실의 괴리감이 있지만, 그래도 한 번은 지긋이 견뎌 보자.

INFJ 부모를 위한 양육법

🪑 자녀가 유아일 때 생각해야 할 것

양육 평가 기준은 나와 내 아이의 만족감이다

아무리 좋은 말이라 할지라도 주변에서 내 자녀에 대해 마치 다 알고 있는 것처럼 말할 때 마음이 불편할 수 있다. '내가 아이를 잘 키우고 있는 걸까?' 하고 고민스러울 때는 자녀의 표정을 살펴보자. 자녀가 행복하면 충분하고 그런 모습을 보는 내 마음이 기쁘다면 나와 아이는 누가 뭐래도 이 시간을 충분히 잘 지내고 있는 것이다. 다른 누군가의 평가가 아닌 나와 내 아이의 만족감이 양육의 최고 평가 기준이다.

스스로 칭찬해 준다

자녀가 어릴수록 부모는 더 많은 일을 제대로 해내야 한다. 그런 책임감과 부담감의 연속은 양육의 무게를 더 무겁게 하는 요인이 되기도 한다. 그렇게 날마다 열심히 살고 있음에도 "잘했다."고 칭찬해 주는 말을 들을 기회가 거의 없다. "여보~ 나 오늘 수고했다고 칭찬해 줘.", "○○야, 오늘 엄마 진짜 수고했지?" 당신이 먼저 스스로 잘한 이야기를 해 보자. 당신은 누가 뭐라 해도 충분히 칭찬받아 마땅한 일을 하고 있다.

자녀의 낮잠 시간에 집안일을 하지 않는다

자녀가 어릴수록 집안일은 해도 해도 끝이 없다. 치우고 돌아서면 또 치워야 할 것들이 생기고, 그렇게 정신없이 지내다가 자녀가 낮잠 자는 시간에서야 겨우 엄마는 밀린 집안일을 한다. 쉼 없는 엄마가 행복한 양육을 할 수 있을까? 어느 한쪽의 고리를 먼저 끊어 선순환을 만들어야 할 필요가 있다면 집안일보다 엄마의 행복을 선택하자. 자녀의 낮잠 시간에는 집안일이 보여도 일단 쉬자. 배우자가 퇴근하면 자녀를 부탁한 후 한꺼번에 밀린 집안일을 하거나 가전제품의 도움을 받는 것도 방법이다.

엄마는 최고의 놀이 선생님이다

자녀가 무엇을 하고 싶은지 눈빛만 보아도 정확히 알 수 있는 부모의 능력은 자녀가 어릴수록 빛을 발한다. 자녀의 욕구에 교육적인 면까지 더하여 전혀 상상하지도 못한 게임을 만들거나, 새로운 생각을 할 수 있도록 여러 가지 제안을 하는 부모는 정말 최고의 놀이 선생님이다. 부모가 만든 놀이를 하며 자녀는 자신도 모르는 사이에 많은 이야기와 세상을 자기 안으로 빨아들이고 있을 것이다.

🪑 자녀가 초등학생일 때 생각해야 할 것
가장 힘든 순간 생각나는 사람이 부모여야 한다

부모와 자녀 간에 신뢰가 없다면, 다른 누구보다 부모는 내 편이 되어 줄 것이라는 확신이 없다면 자녀가 자신의 어렵고 속상한 이야기를 부모에게 할 수 있을까? 자녀가 자라면서 부모가 모르는 일들이 생길수록 더욱 중요해지는 것이 부모에 대한 자녀의 신뢰이다. 자녀가 가장 힘들 때 생각나는 사람이 바로 부모가 되어야 한다. 자녀에게 그런 부모가 되어 주자.

모든 것을 다 주어도 자녀는 내가 아니다

자녀를 위하고 사랑하여 생긴 부모-자녀 간의 깊은 유대 관계가 서로에게 지나치게 의존적인 관계가 되지 않도록 조심할 필요가 있다. 서로의 마음을 이해하고 서로의 걱정을 나누어 함께 고민하지만, 부모가 해결해 줄 것을 믿어 아무것도 하지 않는 자녀가 되거나, 자녀의 걱정은 무조건 부모가 해결해 주어야 할 것 같은 마음이 되면 오히려 서로를 힘들게 할 수 있다. 부모와 자녀는 각각 독립된 인격체이다. 그 부분에 대한 마음속 결단이 필요하다.

당신이 하고 싶은 양육을 하면 된다

자녀가 초등학생이 되면 주변에서 수많은 양육 방법과 교육 방법이 들린다. 자신의 생각과는 맞지 않는 것 같지만 주변 사람들이 그렇다고 하니 해야 할 것 같은 불안감이 든다. 그런데 양육이란 부모와 자녀가 함께 보내는 시간과 삶이다. 다른 사람들의 평가에 마음이 쓰이기도 하지만 당신이 하고 싶은 양육, 꿈꾸었던 자녀와의 시간들을 살다 보면 당신에게도 당신이 경험한 의미 있는 이야기들을 나누어 줄 수 있는 양육 방법이 생기게 된다.

선택과 집중이 필요하다

모든 자녀를 만족시킬 수 있는 선택은 없다. 그 때문에 어떤 선택을 하고 결정을 할지에 대한 부모의 기준이 필요한 것이다. 학원에 가기 싫다는 아이의 의사를 어디까지 들어주고, 뛰어놀게 하고 싶은 부모의 마음을 어디까지 숨겨야 하는지에 대한 선택과 기준이 필요하다. 자녀의 양육은 매 순간 현실과 마음 사이에서의 갈등과 선택의 연속이다. 경중을 따지고, 초등학교 시절에 꼭 해야 할 목표를 세워 두면 부모의 선택 기준이 조금 더 선명해질 수 있다.

INFJ 자녀의 재발견

섬세한
상상력 대장

어른스럽고 침착한 면모를 갖추고 있어서 함께 있으면 든든하고 믿음직스럽다. 조용해서 잘 드러나지는 않지만, 알고 보면 참 속 깊고 다정한 자녀이다. 풍부한 상상력과 호기심이 돋보인다. 사람들과 대화하면서 핵심을 간파하는 예리한 말을 할 때도 종종 있다.

이들은 말로 잘 표현하지는 않지만 상상력이 풍부하다. 혼자 공상에 잠겨서 이런저런 상황을 상상하는 것을 즐기기도 한다. 호기심도 많고, "왜?"라는 질문을 무척 많이 한다. 다른 사람들이 무심히 넘기는 부분들, 예를 들어 다른 친구들은 무심결에 농담하고 금세 잊어버린 것들에 대해서도 이들은 '사람들이 왜 그런 말을 했던 걸까, 무슨 마음이었을까?'에 대해서 고민하느라 시간 가는 줄을 모를 때도 많다. 이 처럼 이들의 머릿속은 여러 가지 상상과 호기심, 고민으로 인해 그 누 구보다도 복잡하고 풍부하다.

이들은 얼핏 보면 그저 조용하고 차분하게 보일지도 모른다. 하지 만 실제로 이야기를 나눠 본 사람들은 이들이 사람들에게 얼마나 따 뜻하고 공감을 잘하는지 바로 알아차릴 수 있다. 다른 자녀들은 모두 짝이 되기 싫어하는 친구와 함께 짝이 되어도 불평하지 않고, 오히려 그 친구에게 관심을 보이면서 따뜻하게 대해 준다. 티를 잘 내지는 않 아도, 알고 보면 그 누구 못지않게 속 깊고 다정한 면모를 갖추고 있다.

생각이 깊은 만큼 때로는 놀랄 정도로 어른스러운 모습을 보여 주 기도 한다. 예를 들어, 다른 친구들은 눈 오는 날이면 눈사람을 만들고 눈싸움할 생각에 신날 때, 이들은 마냥 설레는 대신 눈길에 걸어 다녀 야 하는 사람들이 힘들겠다고 걱정할 수 있다. 조용하면서도 책임감 이 강해서, 침착하고 묵묵하게 자신이 맡은 일을 끝까지 해내는 데 집 중하는 경우가 많다. 어른스러우면서도 책임감 강하고 침착하기에 주 변 사람들에게 든든하고 믿음직스럽다는 인상을 준다.

이런 부분은 보완이 필요해요

이들은 누구보다도 풍부하고 복잡한 자기 세계를 가지고 있고 그 속 에 빠져들기를 즐기지만, 때로는 그 세계 속에서 길을 잃고 힘들어하 기도 한다. 생각이 너무 많아서 자기가 하고 싶은 말을 구체적이고 명확하게 전달하기를 어려워한다. 다른 사람들은 단순하게 넘기는 부분에 대해서도 다양한 각도로 바라보면서 고민하다 보니, 어떨 때는 그 고민이 스스로 감당할 수 있는 범위를 넘어서서 혼란스럽게 뒤엉키기도 한다. '삶의 의미는 무엇일까?' 이런 식으로 뚜렷한 답을 찾기 어려운 추상적인 고민을 반복하다가 '난 왜 그런 것도 못 찾고 있지.'라고 하지 않아도 되는 자책을 하면서 스트레스를 받기도 한다.

이들은 감성이 풍부하며, 때로는 작은 일에도 상처 받고, 감정 기복이 크다. 특히 다른 사람에게 비난받는다고 느낄 때 상처를 크게 받고 위축되는 경향이 있다. 친구나 가족 등 가까운 사람이 무심하게 반응하면 자신을 거절하고 밀어내는 것처럼 느끼고 혼자 힘들어하는 경우도 종종 있다.

부모가 자녀와의 약속을 지키지 않거나, 자녀가 어렵게 꺼낸 불만 속에 담겨 있는 감정을 무심코 넘겼을 때도 자녀는 부모에게 거절당했다고 느끼고 상처를 받을 수 있다. 감성이 풍부한 만큼 자신의 감정선을 다른 사람들이 무심코 넘길 때 이들은 자신이 거절당했다고 느끼고 힘들어한다.

이러한 자녀의 성격 특성을 고려해 꼭 생각해야 할 3가지는 다음과 같다.

첫째, 자녀의 복잡한 생각과 고민을 잘 들어 주되 그 속에서 자녀에게 정말 중요한 게 무엇인지 좀 더 분명하게 말로 표현해 볼 수 있게 도와주자. 그러다 보면 넘쳐흐르던 생각들도 자연스럽게 정리될 것이다.

둘째, 자녀와 지킬 수 있는 약속을 하자. 지키기 어려운 약속은 가급적 하지 않는 게 좋고, 만약 약속을 부득이하게 지키지 못하게 되었을 때는 이를 가볍게 넘기지 말고 자녀와 충분한 대화를 나누자.

셋째, 자녀가 불만을 이야기하면 단순한 투정이라고 여기지 말고, 그 불만 속에 들어 있는 여러 가지 감정과 욕구에 꼭 귀 기울여 주는 것이 필요하다.

INFJ 자녀를 둔 당신을 위한 양육법

🪑 자녀가 유아일 때 기억해야 할 것

조용하고 천천히 말한다

이들은 얌전하고 차분해서 부모의 큰 리액션에 놀랄 수 있다. 큰 소리로 말하는 것보다 조용히 차분하게 말해 주면 자녀는 부모가 전달하는 메시지뿐만 아니라 메시지 속에 포함된 사랑과 관심까지 함께 전달받을 수 있다. 천천히 편안하게 전달받은 부모의 이야기와 사랑은 자녀 주위에서 따뜻한 온기처럼 오래도록 머물 것이다.

상상 여행을 떠난다

자녀가 새로운 것에 대해 흥미를 느끼면, 작은 나뭇잎으로 세계여행을 하거나 새로운 세상을 탐험하기도 하는 등 부모가 전혀 생각지도 못한 이야기들을 쏟아 낸다. 부모가 전혀 이해할 수 없는 이야기일 수 있지만 자녀의 상상 여행에 함께하면 자녀는 더 즐겁게 더 많은 이야기를 만날 수 있다. 다만 자녀의 상상보다 앞서진 말자. 상상 속 세상의 주인공은 바로 자녀임을 잊지 말자.

부모의 칭찬이 최고다

부모의 반응에 민감한 자녀는 부모의 칭찬 여부로 맑음과 흐림이 결정된다. 칭찬을 받으면 뭔가 더 열심히 해 보고 싶은 마음이 솟아나서 새로운 다른 칭찬받을 일들을 찾게 된다. 자녀에게 긍정적 동기부여는 부모의 칭찬이 최고임을 기억하자. 아낌없는 칭찬을 받으면 자녀는 더 푸르고 크게 쑥쑥 자랄 수 있다.

마냥 기다려 주는 게 좋은 건 아니다

자녀가 상상하는 동안 기다려 주는 것은 좋다. 자녀가 책을 읽는 동안 자녀의 시간을 존중해 주는 것도 중요하다. 기다림과 존중은 자녀를 위해 꼭 필요한 부분이다. 하지만 무조건 기다려 주기보다는 어느 정도 마무리할 수 있는 시간의 한계를 갖는 연습이 필요하다. 다음의 일들과 지금의 일을 조화롭게 체계화하며 시간을 나누어 쓰는 연습도 자녀의 상상을 집중시키는 방법이 될 수 있다.

🪑 자녀가 초등학생일 때 기억해야 할 것

인정과 지지가 필요하다

주변 사람들의 감정을 민감하게 느끼는 자녀에게는 주변의 시선이 생각보다 중요하고 무거울 수 있다. 그래서 부모는 주변의 감정과 시선보다는 자녀 스스로 단단해질 수 있도록 "너는 참 괜찮은 사람이야."라는 인정과 지지를 끊임없이 전달해 줄 필요가 있다. 자녀 스스로 자신이 괜찮은 사람이라고 인정하면 주변의 감정과 시선에 흔들리기보다는 자신과 다른 상대방의 이야기로 인정할 수 있는 힘이 생긴다.

혼자여도 괜찮다

자녀가 혼자 책을 읽고 있을 때 의외로 부모가 불안감을 느끼는 경우가 있다. '왜 친구들과 못 어울릴까?', '무슨 문제가 있나?' 보이는 상황은 혼자 외로워 보이지만 정작 자녀에게는 그 상황이 전혀 문제 되지 않을 수 있다. 부모의 불안이 아이의 마음과 같을 거라고 확정하기 전에 자녀에게 먼저 물어보자. 혼자 있는 진짜 마음이 어떤지, 친구들과 함께 놀고 싶은데 그러지 못하는 상황인 건지. 그렇게 자녀에게 확인한 후 자녀의 요청이 있을 때 도움의 방법을 함께 고민하자.

깨끗하게 정리된 방이 필요하다

상상하기를 좋아하는 자녀는 정리나 마무리하는 것을 어려워할 거라고 생각할 수 있지만 이런 성향의 자녀는 깔끔하고 정리된 환경을 편안해한다. 정리된 자신의 방에서 자기가 상상한 것들을 운용하고 생활하는 것을 좋아한다. 자기가 만든 레고나 장난감들을 전시해 두고 여러 가지 이야기를 상상하며 놀기 위해서는 깨끗하게 정리된 방이 필요하다. 다만 자녀가 정리해 둔 방을 새로 정리하거나 함부로 치우는 것은 조심해야 한다. 자녀 나름으로 정리해 둔 규칙이 있을 수 있기 때문이다.

꿈꾸는 것들을 위한 순서를 정한다

자녀가 생각하는 것들이 부모가 보기에는 막연한 뜬구름이라 생각하기 쉽지만 그러한 상상을 구체화시키거나 현실로 가지고 오는 연습을 부모와 함께 해 보자. 단순히 상상에서 끝나는 것이 아니라 상상한 것을 그림으로 그리거나, 도안으로 옮기거나, 실제로 만들어 보고, 구체화하자. 또 그것에 이름을 붙여 주고, 필요성을 이야기하며 보다 논리적으로 구조화시키는 연습을 해 보자. 상상 속에 있던 것을 그림이든, 모형이든 실제 눈앞에서 만나게 되면 자녀는 더 이유 있는 상상을 시작할 것이다.

INFJ
자녀의 속마음

저는, 아…… 잠시만요. 생각이 너무 많아서 무엇부터 말씀드려야 할지
모르겠어요. 저는 무엇인가를 하려고 할 때 고려하는 게 정말 많고, 그것
을 머릿속에서 시도하고 펼치기 때문에 눈에 보이지 않지만 많이 바쁘
고 복잡해요. 그래서 무엇인가를 '바로' 요청하면 가끔은 부담스러울 때
가 있어요.

그런데 이러한 복잡함이 정리 정돈이 안 된 환경을 좋아한다는 뜻은 아
니에요. 저는 깨끗하고 제자리에 물건이 놓여 있어서 제가 어디에 무엇
이 있는지를 파악할 수 있는 공간을 좋아해요.

상상하는 것, 미래를 생각하는 것, 그것을 좋아하는 사람들과 같이 하고
싶은 것 등 지금 이 자리에서도 보이지 않는 세상을 생각해요. 그래서
가끔 제가 말씀드리는 것이 무슨 말인지 이해가 잘 안 되시거나 설명을
잘 못한다고 느끼실지 몰라요.

제가 너무 혼자 다른 생각 속에 빠져 있는 것 같을 때는 말을 걸어 주셔
도 돼요. 중요한 것을 선택하고 우선순위를 정하는 데 부모님의 질문과
피드백이 도움이 될 것 같아요.

저는 소소한 순간이 모두 소중해서 소중한 것과 그렇지 않은 것을 구별
하는 게 참 어려워요. 저에게는 모든 것이 의미 있거든요. 줏대가 없는 것
이 아니라 의미를 잘 부여하는 아이로 봐 주세요. 상상을 해도 위험하지
않게, 현실을 잘 지켜주시는 부모님이 계셔서 참 감사해요.

부모-논리와 성실함에 대한 최고의 선생님
자녀-진지한 꼬마 사색가

에너지 흐름	☐ 외향적	☑ 내향적
정보 수집	☐ 경험 중심	☑ 가치 중심
중요한 결정	☑ 논리적	☐ 관계적
생활 양식	☑ 계획적	☐ 융통성
마음의 이정표	☐ 생산성	☐ 의미
	☐ 인간미	☑ 진리
태도의 기준	☑ 진지한	☐ 행동화
	☐ 관망	☐ 추진력
타고난 기질	☐ 보호자	☐ 이상가
	☐ 장인	☑ 합리적
적응 방식	☐ 현상 유지	☐ 행동 먼저
	☑ 생각 많음	☐ 변화 추구

INTJ 부모의 재발견

논리와 성실함에 대한 최고의 선생님

　자녀에게 약속한 것이나 자녀와 함께 정한 규율은 엄격하고 철저하게 지키는 부모이다. 냉철한 이성과 분석력을 바탕으로 자녀를 위한 어떤 선택이든 충동적이지 않고 원칙대로 일관되게 자녀를 지원한다. 누가 뭐라 해도 자녀가 선택한 길을 굳게 믿어 주는, 자녀가 홀로 설 수 있는 심리적 지지를 든든하게 제공해 주는 조력자이기도 하다. 물론 자녀의 선택이 수긍될 때에 한해서이다.

　이들은 자녀의 성향과 개성을 깊이 관찰하고 분석하는 걸 잘한다. 스스로 파악한 자녀의 독특함을 바탕으로 '우리 자녀는 이런 모습으로 커 나갈 수 있겠구나.'라고 미래에 대한 큰 그림을 그리고, 그 그림에 따라 자녀가 자기만의 사고방식을 발전시킬 수 있도록 돕는다. 친구와 싸웠을 때, 성적이 잘 안 나올 때 등 일상적인 순간에 대해서도 "너는 어떻게 생각해?", "이건 왜 그럴까?"라는 질문을 던지고 자녀의 생각을 열린 마음으로 존중한다. 자녀와 소소한 일들에 대해서도 차분하게 토론하면서 자녀가 자신의 생각을 키우도록 자연스럽게 이끈다.

'귀가 얇다.'는 표현은 이들에게는 해당되지 않는다. 이들은 다른 사람들의 의견에 쉽게 흔들리지 않고 매우 독립적이다. 다른 부모들이 "그 집 자녀 그렇게 학원 안 다니고 혼자 있게 내버려 둬도 괜찮겠어요?"라고 말하더라도 자신이 보기에 자녀가 학원에 다니는 것보다 혼자 책을 읽고 생각하는 시간이 필요하다고 판단하면 다른 사람들의 말에 개의치 않고 자녀의 학습 방법을 계속 지지해 준다. 이러한 부모의 독립적인 모습을 보면서, 자녀도 다른 사람들의 말에 좌우되기보다는 자신만의 신념과 논리를 갖추고 이를 따르는 법을 배울 수 있다.

이들은 자신만의 관점에 따라 어떤 목표를 정하면 절대 흔들리지 않는다. 어떤 장애물을 만나더라도 어려움을 견디면서 앞을 향해 나아가고, 스스로 성취하고 발전해 나가는 데에 관심이 많다. 자녀와의 약속이나 자녀와 함께 정한 규칙에 대해서도 철저하게 지키며, 자신이 정한 목표를 위해 흔들림 없이 인내하는 삶의 태도를 유지한다.

 ## 이런 부분은 고려해야 해요

이들은 논리적인 면이 두드러지다 보니 때로는 자녀가 감정적인 위로나 돌봄을 필요로 하는 순간에도 자녀의 마음에 대해 차근히 듣기보다는 논리적으로 대화를 풀어 나간다. 친구와 다투고 속상한 마음을 부모에게 위로를 받고 싶었던 자녀 입장에서는, 친구와 왜 싸우게 되었는지에 대해서부터 살펴보는 부모의 반응에 대해 섭섭함을 느낄 수 있다.

이들은 한 번 세운 목표에 대해서는 워낙 확고하고 이를 성취하고자 하는 마음이 강한 만큼 양육에서도 세운 목표에 자녀가 잘 따라오지 못한다 싶으면 자녀를 재촉하고 다그치기 쉽다. "일주일에 5권씩 책을 읽고 책에 관해 이야기하자." 이런 목표가 자녀에게 버겁고 부담스러운 경우에도 흔들리지 않는다. 그렇기에 자녀는 때로는 부모가 냉정하고 자신에게 관심이 없다고 오해할 수 있다.

이들은 독립적인 면이 강하기에 자기만의 시간과 공간을 갖는 것을 중시한다. 하지만 조금만 숨 돌리려 해도 자녀가 계속 엄마, 아빠를 찾기 때문에 부모의 사생활을 보호받기는 거의 불가능하다. 이들은 누구에게도 간섭받지 않고 자기 세계에 몰두하기를 좋아하기에 자녀와 함께할 때의 무질서함과 소란스러움이 가끔 버겁게 느껴지고 힘들 수 있다. 이런 자신의 생각에 대해 나쁜 부모인 것 같다는 죄책감도 느끼곤 한다.

이 유형의 성격적 아킬레스건을 보호하기 위한 3가지 포인트는 다음과 같다.

첫째, 자녀만의 천진난만하고 엉뚱한 관점, 틀에서 벗어난 생각, 남다른 가치관, 자연스러운 감정을 존중해 준다. 자녀에게는 때때로 '조건 없는' 사랑이 필요하다.

둘째, 자신만큼 자녀가 일이나 공부에 성취욕이 강하거나 유능하리란 보장은 없다는 걸 기억하자. 자녀에게 과제를 주기 전에, 현실적으로 자녀가 감당할 수 있는 수준인지 먼저 고려하자.

셋째, 자녀가 조금 느리다고 재촉하기보다는 '부모로서 무엇을 도와줄 수 있을까?'를 생각해 보자.

INTJ 부모를 위한 양육법

🪑 자녀가 유아일 때 내가 생각해야 할 것

객관적 사실보다 육아 경험의 힘이 세다

자녀를 키우며 많은 생각과 그에 대한 논리적인 확신을 가지고 있는 이들은 주변 사람들의 양육 정보에 신뢰를 느끼지 못할 수도 있다. 그런데 정확한 근거 없는 '카더라'의 정보들이라 할지라도 변수 많은 양육 과정에서 경험하고 터득한 지혜일 수 있다. '엄마(아빠) 손은 약손~'의 효과는 열의 발생으로 통증을 약화한다는 과학적인 사실 때문만은 아니다. 부모가 조용히 불러 준 따뜻한 주문과 부모의 숨소리, 체온으로 스르르 괜찮아지는 것일지도 모른다.

내 자녀 양육서 작가는 바로 나다

임신하는 그 순간 병원 다음으로 찾는 곳이 서점이다. 수많은 양육서 중에서 어떤 것이 더 좋을지 꼼꼼히 비교한 후 한 권을 골라 마치 교과서처럼 그 책의 내용을 육아의 기준으로 삼는다. 그런데 책의 내용 중 어디까지 적용해야 하며 내 아이와 너무 다른 상황에서는 어떻게 하면 좋을지 고민스러울 때 필요한 것은 부모의 기준이다. 유아기에 부모가 정해야 할 많은 기준 중 우리에게 딱 맞는 기준과 방법을 찾아가는 일이 양육의 과정이다.

무리한 요구에 응하지 않는 것도 필요하다

자녀가 울면 가슴부터 철렁한다. 경험이 없어서일 수도 있고 어디가 불편해서 우는지 이유를 몰라서이기도 하기에 부모는 할 수 있는 모든 방법을 다해 자녀를 달랜다. 그런데 자녀는 그런 좋은 부모를 자기 방식으로 이용(?)할 줄 아는 특출한 능력을 갖추고 태어났다. 무엇이든 달래 주고 제공해 주는 부모가 따뜻한 부모의 전부는 아니다. 가끔은 이유 없는 울음을 모른 척하며 무리한 요구에 응하지 않는 것도 부모가 가져야 하는 요건 중 하나이다.

한꺼번에 처리해야 하는 일이 많다

자녀 양육은 체계적으로 혹은 정해진 순서대로 생기지 않는다. 여러 명의 자녀가 동시다발적으로 부모를 부르거나 여러 가지 일을 한꺼번에 처리해야 하는 경우가 다반사이다. 이에 대한 마음의 준비가 필요하다. 적어도 자녀가 커야 하는, 그리고 전적으로 부모의 손길이 필요한 7살까지만이라도 부모는 종합 멀티플레이어가 되어야 한다. 이러한 마음의 준비가 힘든 시간을 버티게 하는 응원의 힘이 되어 줄 것이다.

🪑 자녀가 초등학생일 때 내가 생각해야 할 것
자녀보다 부모가 더 열심일 수 있다

무엇이든 최선을 다하는 인내력 있는 부모의 열정이 자녀를 부담스럽게 할 수도 있다. 부모와 자녀는 비교 대상이 될 수 없음에도 자녀는 부모를 보며 무언가 열심히 해야 할 것 같은 부담감으로 자신의 부족함을 먼저 찾게 된다. 부모가 자기 일에 열정을 쏟는 모습은 긍정적 자극이 될 수도 있지만, 방향을 바꾸어 자녀의 삶에 적극적으로 개입하게 되면 오히려 자녀가 위축될 수도 있으니 적절한 조율이 필요하다.

잘하는 부분도 있지만 잘하지 못하는 부분도 있다

살아가는 동안 무엇이든 잘했다고 지지받고 응원받을 수만은 없다. 그런데 이들은 유독 부정적 반응에 대해서는 더 크게 자신을 자책하는 모습을 보인다. 이는 상대방의 만족을 위해 최선을 다하기에 보이는 반응이기도 하다. 하지만 잊지 말아야 할 것은 부모에게는 잘하는 부분처럼 잘하지 못하는 부분도 반드시 있다는 것이다. 부정적 피드백을 받은 부분은 내가 잘하지 못하는 일로 인정하고, 내가 잘하는 다른 면의 부분을 내가 먼저 보아 주고 인정해 주면 될 일이다.

자녀는 부모와 다르다

이들은 스스로 정한 자녀 양육의 기준을 갖고 있다. 자녀는 이렇게 자라야 하고, 이런 일을 해야 하고, 이렇게 생각해야 옳다는 것이다. 이 기준은 부모가 자기 생각을 바탕으로 옳다고 여기는 것과 해야 할 일에 대해 설정한 것이다. 그런데 자녀는 부모와 다르다. 부모의 영향을 받기는 했지만 부모와 똑같이 생각할 수는 없다. 부모가 정한 기준이 절대적으로 옳다는 생각의 조율이 필요하다. 초등학교 시기가 되면 '왜 이런 기준을 정했는지'에 대해 자녀와 논의가 필요하다.

나와 부모인 나 사이에서의 균형이 필요하다

모든 에너지를 자녀에게 쏟는다면 부모인 나는 과연 만족스러울까? 부모이기 이전에 내가 꿈꾸던 이상적인 삶은 어떤 모습일까? 자녀가 조금 자란 지금 다시 한 번 생각해 보자. 자녀가 학교에 가 있는 동안 부모에게 주어진 개인적인 시간에 어떤 일을 하면 좋을지 생각해 보자. 무엇을 배워도 좋고, 나를 위한 산책이나 운동도 좋고, 재취업을 위한 준비여도 좋다. 이제는 나와 부모인 나 사이에서의 조화로움을 계획해 볼 시기가 되었다. 이런 나의 새로운 도전의 에너지는 가정생활과 양육 생활에 새로운 활력이 되어 줄 것이다.

INTJ 자녀의 재발견

INTJ 자녀

진지한
꼬마 사색가

자신이 관심 있는 주제에 대해서는 엄청난 끈기와 집중력을 발휘해서 파고드는 특성을 갖고 있다. 깊이 있게 탐구하고, 그것을 명쾌하게 전달하는 법도 잘 알고 있다. 생각이 많기 때문에 행동에 시동이 걸리는 속도는 느리지만 뭔가 하겠다고 한 번 마음먹으면 실행에 거침이 없다. 독립적인 면이 두드러지기에 자신을 제외한 누구의 간섭 없이 자신의 방식을 존중받기를 원한다.

이들은 지적인 호기심이 돋보인다. "이건 뭐야?", "왜?"라는 질문을 참 많이 한다. 한 번 꽂힌 주제에 대해서는 엄청난 끈기와 집중력을 발휘하면서 탐구한다. 첫 인상은 조용하지만 자신이 관심 있는 주제에 대해 이야기하기 시작하면 '어떻게 저런 생각을 했지?' 하는 감탄이 저절로 나올 정도이다. 전문적인 지식을 많이 알고 있고, 그것을 논리 정연하고 명쾌하게 전달할 줄도 안다. 스스로 뭔가 알아 가는 것 자체로 만족하기 때문에 부모에게도 자기가 알아낸 것들을 먼저 말하지 않을 정도로 티를 잘 내지 않는다.

이들은 철저하고 깊이 있게 생각하는 것을 좋아한다. 그러다 보니 행동하기 전에 생각이 많고, 막상 행동으로 옮기는 속도는 느린 편이다. 예를 들어, 부모가 자녀에게 새롭게 운동을 배워 보기를 제안하면 자녀는 한동안 이 주제에 대해 잘 이야기하지 않는다. 자신이 어디에서 무엇을 배우고 싶은지, 그걸 배우면 어떨지에 대해 혼자 계속 생각한다. 그 과정을 거쳐서 자신이 어디에서 무엇을 배우고 싶은지 마음이 서면 부모에게 "나, ○○가 가는 곳에서 같이 축구 배울 거야."라고 말한다. 바로 등록해 달라고 하고, 그 이후의 과정은 순식간에 진행된다. 생각이 많아서 엉덩이는 무겁지만, 일단 한 번 마음을 정하면 그 이후에는 거침없는 행동을 보인다.

이들은 독립적인 성향이 강하고, 스스로 알아서 해 나가기를 좋아한다. 그래서 부모가 간섭하거나 지시하는 것에 대해 크게 반발한다. 부모가 보기에는 자녀의 방과 책상이 어딘가 불편해 보이고 비효율적인 방식으로 정리되어 있다 하더라도 문제될 게 없다면 그냥 자녀에게 맡겨 두는 것이 좋다. 공부할 때에도 왜 저렇게 하나 의아하더라도 자녀가 하는 방식대로 일단 지켜봐 주어야 한다. 자신이 스스로 알아서 할 수 있다고 생각하는데 부모가 끼어들면 자신의 능력과 자기 세계가 부정당하는 것으로 받아들인다. 자기가 존중받지 못한다고 느끼면 아예 뭔가를 하려는 의욕이 떨어지기도 한다.

이런 부분은 보완이 필요해요

이들은 주변의 여러 가지 사물, 현상에 대한 호기심이 많다. 그러다 보니 상대적으로 사람에 대해서는 관심이 적다. 또래 친구들에게 다가가려고 하지 않고, 다른 친구가 자신과 친해지려고 다가와도 별다른 반응 없이 그냥 뚱하게 있을 때도 많다. 자신이 꽂힌 것에 깊이 파고들기를 즐겨서 또래들이 어제 본 TV 프로그램, 가족들과 함께 놀러 갔던 곳 등에 대해 일상적으로 재잘거리는 이야기들이 깊이 없고 유치하다고 느낀다. 그래서 자신과 말이 통하지 않는 사람에 대해서는 무심하다. 그렇기 때문에 이들은 때로는 또래들에게 '나를 싫어한다.'라고 오해를 살 수 있다. 사실은 싫어한다, 미워한다, 이런 게 아니라 그저 관심이 없는 것일 뿐이다.

이들은 철두철미하고 깊이 있게 생각하기를 좋아하는 만큼 자신이 생각하면서 낸 결론에 대해서는 실수 없이 완벽하게 현실로 나타나길 원한다. 예를 들어, 평소 관심 있던 주제에 대해서 학교에서 조별 과제를 하고 발표하게 되면 이들은 매우 공들여서 과제와 발표를 완벽하게 해내려고 한다. 그러다가 발표에서 단어를 잘못 말하는 등의 사소한 실수를 하게 되면 이를 매우 심각하게 받아들이고 속상해한다. 철저하게 생각에 생각을 거듭해서 준비한 만큼 작은 실수에 대해서도 받아들이기가 어려운 것이다.

이러한 자녀의 성격 특성을 고려해 꼭 생각해야 할 3가지는 다음과 같다.

첫째, 자녀가 의도하지 않아도 다른 친구는 상처 받을 수도 있다는 점을 알려 준다. 자녀가 무심히 지나치기 쉬운 감정의 세계에 대해서 흥미와 관심을 좀 더 가질 수 있게 도와준다.

둘째, 또래들의 사소한 이야기에서도 의미를 발견하는 연습을 함께하면 자녀가 또래들과 대화를 이어 나가는 데 도움이 될 수 있다.

셋째, 자신의 실수에 대해서는 좀 더 너그러워질 수 있도록 자녀에게 "실수해도 괜찮아."라고 격려해 준다.

INTJ 자녀를 둔 당신을 위한 양육법

🪑 자녀가 유아일 때 기억해야 할 것

엄마의 목소리로 많은 분야의 책을 읽어 준다

생각하기를 좋아하고 조용한 환경을 좋아하는 자녀는 엄마가 읽어 주는 책을 가만히 듣고 있는 시간을 무척 좋아한다. 엄마가 읽어 주는 책 속에서 자녀는 공주도 되었다가 나비도 되었다가 마법사와 함께 빗자루를 타고 하늘을 날기도 한다. 아직 어느 분야에 관심이 정해지지 않은 자녀에게 가능하면 여러 분야의 책을 다양하게 접하게 해 줌으로써 자녀의 관심 분야를 찾아볼 수 있도록 하는 것이 좋다.

집중하고 있는 동안에는 자녀를 부르지 않는다

블록으로 뭔가를 만들거나 책을 보고 있는 모습이 너무 대견하고 귀여워 "○○야, 뭐 하고 있어?", "뭐 만들고 있어?", "무슨 책 보고 있어?"라고 엄마가 말을 거는 순간 자녀는 상상력의 끈을 놓치게 된다. 자녀의 시선 뒤에서 자녀가 마음껏 상상할 수 있도록, 생각한 것들을 직접 만들어 볼 수 있도록, 그 생각의 마무리를 자녀 스스로 정리할 수 있도록 가만히 지켜봐 주자.

자녀가 선택할 수 있도록 해 준다

자녀는 스스로 선택한 것에 대한 자부심이 강하다. 내가 관심이 있어 처음부터 시작했다는, 내 아이디어라는 뿌듯함이다. 자기가 꼭 하고 싶었던 일이지만 부모가 먼저 제안하면 관심이 확 떨어진다. 자녀의 관심 주도권을 자녀가 가질 수 있도록 "뭘 해 볼까?" 하고 제안하기보다는 여러 가지를 선택할 수 있는 곳에 자녀와 함께 가서 자녀가 관심 있어 선택한 것들을 함께 지켜봐 주자.

만족 표현의 거울 역할이 필요하다

자녀는 자기가 잘하고 있는지, 그러지 못한지 계속 확인받고 싶어

한다. 잘하고 못하고의 평가는 부모의 표정으로 결정된다. 자녀는 너무 뿌듯해서 칭찬받을 것 같아 부모에게 왔는데 부모의 평가가 예상과 다르면 실망감이 클 수밖에 없다. 부모의 느낌은 중요하지 않다. 자녀가 스스로 만족한 표정으로 부모에게 왔다면 자녀의 만족 표현을 부모가 자녀에게 되돌려주는 거울 역할이면 충분하다.

🪑 자녀가 초등학생일 때 기억해야 할 것

독립적인 자녀의 공간과 시간을 존중해 준다

초등학생이 되고 본인의 영역이 생기면서 자녀는 자신의 공간에 대해, 자신의 시간에 대해 존중받기를 원한다. 아무리 부모라고 할지라도 자녀의 공간에 들어가기 위해서는 노크를 하고 들어가도 되는지 먼저 자녀에게 물어보아야 한다. '굳이 뭘 그렇게까지'라고 생각할 수 있지만, 자녀는 이런 부모의 행동으로 자신이 존중받고 있다고 생각한다.

원인과 결과에 맞는 논리적인 접근으로 설명해 준다

"그냥 엄마 말 좀 들어.", "아빠가 어련히 알아서 했을까? 그냥 해." 아무리 부모가 자녀를 위해 하는 일이지만 자녀는 그런 선택을 하게 된 이유가 궁금하다. 이것이 왜 자신을 위한 제안이고 선택인지를 안다면 부모의 말을 훨씬 신뢰하며 받아들일 수 있다. 이유를 묻는 자녀가 까다롭거나 너무 따진다고 생각하지 말고 부모의 말씀을 더 잘 이해하기 위해, 부모의 의도를 더 선명하게 받아들이기 위해 하는 질문이라고 생각하자.

더 열심히 하라는 응원보다는 지원군 역할이 좋다

자녀는 스스로 자기가 관심 있어 하는 분야를 찾아 깊이 탐구하는 스타일이다. 흥미로운 부분을 찾았다면 부모가 굳이 더 열심히 하라는 응원을 하지 않아도 스스로 방법을 찾거나 목표를 세운다. 이럴 때는 부모가 "잘하네. 더 열심히 해 봐."라는 독려의 메시지보다 "네가 관심 있는 부분에 대한 지원이 필요하거나 도움이 필요할 때는 언제든 엄마, 아빠에게 말해 줘."라고 한 걸음 물러나 자녀를 지원해 주는 지원군의 역할이 좋다.

독서 편식을 하지 않도록 해 준다

책 읽기를 좋아하는 자녀에게 부모가 밖에 나가 친구들과 뛰어 놀라고 하는 권유는 오히려 자녀가 하고 싶은 일을 하지 못하게 방해하는 것이 될 수 있다. 특히 아들을 둔 부모는 남자아이는 몸으로 뛰어야 건강하다는 생각으로 방에만 있는 아들을 보며 걱정하고 불안해할 수도 있다. 그런데 몸으로 뛰어노는 것처럼 자녀가 지금 책 속에서 열심히 뛰어놀고 있다면 어떨까? 자녀가 좋아하는 일이다. 그래서 오래 하고 있고 더 많이 하고 싶어서 다른 것을 하지 않는 선택일 뿐이다. 부모로서 걱정이 되는 부분이 있다면 차라리 다양한 분야의 책을 권하는 것이 좋다.

일단, 약속을 먼저 해 주세요. 제가 드리는 말씀을 끝까지 들어 주시겠다고요. 저만의 이유들에 대해서 이해가 잘되지 않으시더라도 저에게는 충분하고 중요한 이유였다는 것을 함께 인정해 주신다면 정말 좋겠어요.

저는 사실 누군가 저에게 외모에 대한 칭찬을 해 주셔도 별로 기쁘거나 크게 관심이 있지는 않아요. 부모님께 혹시 예쁘지 않아 보여도 저만의 스타일로 봐 주세요.

어른들의 말씀을 순순히 듣지 않는다고, 때로는 고집이 세거나 대든다고 혼을 내시는데, 저는 반항을 하고 싶거나 말썽을 부리려고 하는 의도는 없었어요. 단지 제가 왜 그렇게 해야 하는지 이론적으로, 논리적으로 이해가 되지 않아서 질문을 했을 뿐이에요. 이해가 안 된 일을 그냥 하라고 하시는 게 제일 답답하고 힘들어요.

저는 사회성이 없는 게 아니라 혼자서 노는 것을 좋아해요. 친구가 없는 게 아니고 제가 좋아하는 책을 읽는 시간을 좋아해요.

제가 어떤 것을 시도하고 있을 때, "잘했다."는 말씀보다는 '어떤 게 흥미로웠는지'를 질문해 주시는 부모님을 원해요. 그 질문이 저에게는 응원이고 격려로 느껴져요.

저도 말을 좀 더 예쁘게 표현해 볼게요. 그런데 예쁘다는 기준은 서로가 다르다는 것도 이해해 주세요. 그런데 말은 꼭 예쁘게 해야 하나요?

INFP

부모-민감하고 참을성 있는 경청자
자녀-다정하면서도 주관이 확고한 몽상가

에너지 흐름	☐ 외향적	☑ 내향적
정보 수집	☐ 경험 중심	☑ 가치 중심
중요한 결정	☐ 논리적	☑ 관계적
생활 양식	☐ 계획적	☑ 융통성
마음의 이정표	☐ 생산성	☑ 의미
	☐ 인간미	☐ 진리
태도의 기준	☐ 진지한	☐ 행동화
	☑ 관망	☐ 추진력
타고난 기질	☐ 보호자	☑ 이상가
	☐ 장인	☐ 합리적
적응 방식	☐ 현상 유지	☐ 행동 먼저
	☑ 생각 많음	☐ 변화 추구

INFP 부모

INFP 부모의 재발견

민감하고 참을성 있는
경청자

풍부한 감성과 미적 감각으로 자녀의 평범한 일상도 특별한 '문화생활의 날'로 만들 수 있는 부모이다. 갈등을 만들지 않고 조화로운 가족을 만들기 위해 노력한다. 자녀의 감성을 세심하게 살피고 자연스러운 욕구나 부정적 감정들도 관대하게 수용한다.

이들은 자녀가 어떤 기분인지, 자녀가 무엇을 바라는지에 대해서 아주 민감하다. 자녀가 오늘은 평소보다 어딘가 눈빛이 다르다 싶으면 바로 '어린이집에서 선생님이나 친구하고 무슨 일이 있었나? 왜 그러지?'라고 궁금해하면서 자녀에게 말을 건넨다. 자녀의 이야기를 들으면서, 자녀가 왜 그런 반짝거리는 눈빛, 혹은 상처 받은 눈빛을 하고 있었는지 빠르게 이해하고 공감할 수 있다.

이들은 자녀가 어떤 장점과 매력을 가지고 있는지 알아보는 데도 매의 눈을 가지고 있다. 자녀를 주의 깊게 관찰하고 자녀의 이야기에 귀를 기울이면서, 자녀에게 숨겨져 있던 특별한 면을 빨리 발견해 낸다. 자녀의 가능성과 힘을 정확하게 파악하기에, 자녀가 어려운 상황에서도 자신의 강점을 살려서 잘해 나갈 수 있으리라는 믿음도 강하다. 그래서 자녀가 얼핏 부모의 기대나 바람과 다른 모습을 보이더라도 자녀를 믿어 주면서 기다려 줄 수 있다.

이들은 자녀와 즐거운 추억을 만드는 데 관심이 많다. 자녀와 가깝게 지내면서 여러 가지 감정을 함께 나누는 것을 좋아하기 때문이다. 자녀와 함께하면서 자기만의 자유로운 상상력을 발휘하는 것도 즐거워한다. 자녀가 좋아하는 만화 캐릭터가 바뀔 때마다 그 만화를 같이 보고, 만화 영화 주제가를 외워서 같이 불러 보기도 한다. 자녀가 좋아하는 곳으로 소풍을 가거나 캠핑을 가기도 하면서 자녀의 눈높이에 따라 교감하면서 추억을 만든다.

이런 부분은 고려해야 해요

이들은 자녀의 감정과 욕구, 호불호에 워낙 민감하다 보니 '옳고 그름'의 기준이 필요한 순간에 태도를 단호하게 취하는 것을 어려워한다. 자녀에게 무엇을 해야 하고 무엇을 하면 안 되는지 분명한 규칙을 알려 주고 훈육하는 데 서툴기도 하다. 따라서 자녀에게 좀 더 단호하게 대해야 할 상황에서도 혼자 갈팡질팡하기 쉽고, 때로는 자신이 부모 역할을 제대로 하지 못한다는 죄책감도 느낄 수 있다.

이들은 다른 사람들의 감정에 민감하게 반응해 주는 걸 중요하게 여긴다. 그러다 보니 때로는 가족들이 모두 동시에 서로 다른 것을 요구하거나 서로 다른 의견을 낼 때에는 누구 말을 들어야 할지 혼란스러울 수 있다. 매 순간 달라지는 자녀의 감정과 욕구에 많은 관심을 기울이다 보니 체계적으로 집안일을 처리하는 것이나 자녀에게 일관성 있게 규칙을 적용하는 것을 어려워하고 어딘가 자꾸 어수선해지기 쉽다.

이 유형의 성격적 아킬레스건을 보호하기 위한 3가지 포인트는 다음과 같다.

첫째, 자녀가 좋아하고 싫어하는 것에 주의를 기울이면서 자녀의 관심사에 따라 여러 일을 벌이지만, 그것을 꾸준히 하거나 마무리가 안 될 수 있다.

둘째, 옳고 그름의 문제에 대해서는 자녀에게 좀 더 단호해질 필요가 있다.

셋째, 당신이 어딘가에 초점을 모으지 못하고 어수선해지는 것에 대해 자책하지 말고 자신의 특성을 있는 그대로 받아 주자. 당신의 특성 덕분에 자녀는 유연하고 개방적인 사람으로 커 나갈 수 있다.

INFP 부모를 위한 양육법

🪑 자녀가 유아일 때 생각해야 할 것

자녀의 무한한 가능성을 꿈꾼다

아기를 품에 안으면서 부모는 매 순간 감동을 느낀다. 자녀와 함께 하고 싶은 일, 자녀와 함께 먹고 싶은 것, 자녀와 함께 가 보고 싶은 곳 등 자녀와 함께 할 많은 것을 꿈꾼다. 이렇게 자녀를 품에 안고 꿈꾸는 모든 긍정의 에너지는 고스란히 자녀에게 전달된다. 많은 것을 함께 하고 싶은 만큼 많은 것을 계획하는 부모의 무한한 아이디어 속에서 자녀는 풍부한 것을 경험하며 행복하게 자랄 것이다.

원하는 것보다 더 많은 것을 제공하지 않는다

자녀가 원하는 것이 무엇일지 순간순간 살피며 자녀가 원하는 것에 대해 민감하게 반응하는 부모는 자녀에게 더없이 충분한 만족을 선물한다. 하지만 뭐든 과하면 부족한 것만 못하다는 말이 있다. 자녀의 필요가 있기 전에 미리 좋은 것이라 알게 된 것들을 권하거나, 자녀가 원하는 것보다 더 많은 것을 준다면 자녀는 그 과분한 것에 묻혀 자기가 진정으로 원하는 것이 무엇인지를 생각할 기회를 놓칠 수 있다. 간절히 원하는 것을 노력해서 얻게 되는 경험도 필요하다.

모든 것을 부모가 다 해 줄 수는 없다

자녀를 위해서는 물불 가리지 않고 온 힘을 다하는 당신에게 당신이 자녀에게 '줄 수 있는 것'과 '줄 수 있을 것 같은 일'을 구분해 보라고 제안한다면 명확히 구분할 수 있는가? 의욕과 현실은 생각보다 많은 거리가 있다. 의욕만으로 자녀를 양육할 수는 없다. 할 수 있을 것 같은 일이 결국 현실에서 이루어지지 않았을 때 당신은 자책감을 느낄 것이다. 하지만 모든 것을 부모가 다 해 줄 수는 없다.

반복되는 자녀 양육의 일상에서 변화가 필요하다

어린 자녀를 양육하는 시기에는 똑같은 공간에서 똑같은 일상을 산다. 자녀는 부모가 제공한 환경 속에서 안전하게 무럭무럭 자라고 있지만 매일 반복되는 시간 속에서 부모는 무기력감과 우울감을 느낄수 있다. 동네 트럭에서 파는 작은 꽃다발을 한 번 사 보자. 3,000원 남 짓의 금액으로 나의 환경이 달라질 수 있다.

🪑 자녀가 초등학생일 때 생각해야 할 것

약속한 것은 꼭 지켜야 한다

자녀가 초등학생이 되면 약속이란 정의가 생기고 그것을 지켜야 한다는 기준이 생긴다. 자녀가 어렸을 때처럼 "나중에 놀이동산 가자." 하는 식으로 어벌쩡하게 말해서는 안 된다. 약속은 꼭 지켜야 한다고 배운 자녀에게 부모의 말은 지켜야 하는 약속이 된다. 그러니 자녀의 마음을 풀어 주기 위해, 혹은 한순간의 기분 좋은 표현으로 자녀에게 지키지 못할 약속은 하지 말자. 작은 약속을 지키는 것은 자녀와 신뢰를 쌓는 첫 시작이다. 그렇게 쌓인 신뢰로 자녀는 더 커다란 계획과 약속을 부모와 함께 의논하고 지키기 위해 노력할 것이다.

꿈꾸던 기준에서 벗어나지 못하면 새로운 가능성을 놓칠 수 있다

처음에 꿈꾸었던 자녀와의 계획은 시간이 지날수록 이루어질 수 없는 꿈이 되어 버린다. 어린 시절에 보았던 자녀의 천재성은 과연 근거가 있었던 것일까? 지금 자녀는 정말 기대보다 아쉽게 자라고 있는 것일까? 부모가 세웠던 계획이 뭐였는지, 그 계획이 자녀의 능력과 가능성에 빗대어 얼마나 현실적이고 구체적이었는지를 우선 확인해 보자. 자녀가 어린 시절에 꿈꾸던 부모의 기준에 맞추다 보면 새로운 가능성을 놓칠 수도 있다.

성공을 위해 반드시 고통을 참아야 하는 건 아니다

좋은 성적을 얻기 위해서는 힘든 공부의 시간을 견뎌야 한다. 목표를 달성하기 위해서는 그 목표를 위해 애쓰고 수고하는 시간이 필요하다. 하지만 그렇게 견디고 애쓰는 시간이 반드시 고통스러워야 목표를 달성하고 성공하는 것은 아니다. 힘든 과정이지만 함께해 주는 부모가 있고, 부모를 의지하며 힘들 때 기대어 쉴 수 있다면 목표를 위해 가는 시간이, 성공을 위해 견뎌야 하는 일들이 그리 고통스럽지만은 않을 것이다. 힘들다고 말하는 자녀에게 "힘들지. 오늘도 고생했어. 힘든 하루를 열심히 살아서 참 대견해."라고 말해 주자.

지금 해야 하는 일에 순서를 정한다

자녀를 양육하다 보면 해야 할 일과 챙겨야 할 일이 생각보다 많다. 그 많은 일이 한꺼번에 몰려오면 당황스럽다. 이럴 때 필요한 건 순서를 정하는 일이다. 구체적인 계획표까지는 필요하지 않다. 그저 항목을 정해 챙겨야 할 리스트를 적어 냉장고 문에 붙이거나, 내일 해야 할 일을 생각날 때마다 싱크대 위에 걸어 둔 작은 칠판에 적어 놓으면 된다. 그런 메모들이 머릿속에 있던 복잡하고 많은 일을 하나하나 정리해 줄 것이다. 늘 빠진 준비물은 없을까 걱정하며 불안했던 마음까지 편안하게 만들어 줄 것이다.

다정하면서도
주관이 확고한 몽상가

다른 사람이 자신과 다른 생각을 할 수 있다고 생각하기 때문에 다른 사람에게 자기 생각을 내세우면서 우기려고 하지 않는다. 도움이 필요한 사람에게는 주저하지 않고 도움의 손길을 내미는 따뜻한 마음을 지니고 있다. 얼핏 보면 너무 부드러운 것 같지만 누구보다도 정교하고 풍부한 상상력을 발휘할 때가 많다.

이들이 툭 던지는 말을 듣고 맥락이 이해되지 않아 '얘가 이런 얘기를 왜 하지?' 하며 당황스러워하는 경우가 종종 있다. 이들의 머릿속에는 현실과 공상이 복잡하게 얽혀 있기 때문이다. 드라마를 봐도 엄청나게 몰입해서 혼자 등장인물들의 다른 이야기를 머릿속으로 써 보기도 하고, 반대로 자신이 그 드라마 속의 인물이라고 가정하면서 뒤에 펼쳐질 상황을 떠올려 보기도 하는 등 상상력이 정말 풍부하다.

그렇게 생각이 많다 보니 학교에 가져간 가방을 그대로 놓고 집에 오기도 하는 등 물건을 잘 빠뜨리거나, 해야 할 일을 종종 잊어버리기도 한다. 하지만 상상력을 자극하는 일을 할 때에는 누구 못지않게 꼼꼼하고 성실하다.

이들은 말수가 적고 조용해서 언뜻 잘 드러나진 않지만, 다른 사람들의 입장을 깊이 살피고 배려할 줄 안다. 사람들의 감정에 민감한 만큼 다른 사람이 상처 받지 않기를 바라는 마음이 크다. 그래서 사람들을 친절하고 따뜻하게 대한다. 누군가 곤란한 상황일 때 그 사람을 도와주고 배려하는 것에 큰 즐거움을 느낀다. 도움을 필요로 하는 사람들을 외면하는 것은 이들에게 어려운 일이다.

이들은 다른 사람에게 자기 생각을 강요하지 않고, 다양한 관점을 잘 수용한다. 조용하면서도 자신만의 주관은 상당히 뚜렷한 편인데, 다른 사람에게도 이러한 주관과 입장이 있을 수 있음을 인정한다. 나랑 불편한 친구라도 다른 사람이 싫어하길 기대하지는 않는다. 자신과 다른 생각에 대해서도 열린 마음을 가지고 있기 때문이다.

이런 부분은 보완이 필요해요

이들은 감정적으로 민감하고 다른 사람들의 감정에 대해서도 눈치 빠르게 알아차린다. 그러다 보니 알게 모르게 다른 사람들도 자신이 그렇듯이 감정을 민감하게 읽어 주기를 바라는 면이 있다. 말하지 않더라도 주변의 가까운 사람은 자기 마음을 좀 알아 줬으면 하는 것이다. 그렇기에 부모가 학교에서 돌아온 자녀의 표정이나 말투의 작은 변화를 무심히 넘기면 서운해하거나 '나에게 관심이 없어.'라고 외로워한다. 작은 단서에 대해서도 자신이 말하지 않아도 민감하게 알아 주기를 바라다 보니, 부모 입장에서는 자녀가 종잡을 수 없다고 느껴져서 더욱 당황스러울 수 있다.

이들은 다른 사람으로부터 거절당하는 것에 크게 상처를 받는 편이다. 예를 들어, 자녀가 당신에게 뭔가 말하려고 할 때 당신은 별다른 뜻 없이 그저 쉬고 싶은 마음에 "이따 이야기할래?"라고 말할 수 있는데, 이 말을 들은 자녀는 자신을 밀어내는 것으로 느낄 수 있다. 친하게 지내던 친구와의 관계에서도 사소한 말이나 표정 때문에 친구가 자신을 싫어한다고 오해하기도 한다.

이처럼 다른 사람들은 별다른 뜻 없이 하는 말이나 행동에 대해서도 '나를 싫어한다.', '나에게 무관심하다.'와 같이 받아들이고 마음의 상처를 받기도 한다. 민감하고 섬세하지만, 그만큼 여린 마음의 소유자라고 할 수 있다.

이러한 자녀의 성격 특성을 고려해 꼭 생각해야 할 3가지는 다음과 같다.

첫째, 자녀의 느낌, 자녀가 필요로 하는 것을 좀 더 분명하게 표현하도록 격려할 필요가 있다. 말하지 않으면 다른 사람들은 모를 때가 많다는 걸 자녀가 이해할 수 있도록 도와주자.

둘째, 자녀의 말에 집중하기 어려울 때에는 "점심 먹고 꼭 얘기하자." 하고 약속을 하고 그 약속을 지키는 모습을 보여 주자. 그러면 자녀가 자신을 밀어낸다는 느낌으로 상처 받지 않을 것이다.

셋째, 요구와 압박을 받으면 위축되기 쉽기 때문에 재촉하기보다는 자녀의 속도에 맞춰서 공부 등을 해 나갈 수 있게 도와주자.

INFP 자녀를 둔 당신을 위한 양육법

🪑 자녀가 유아일 때 기억해야 할 것

눈을 반짝이는 것을 찾아 집중할 수 있도록 도와준다

자녀의 시선이 오래도록 머무는 곳이 있다. 자녀가 유독 눈을 반짝이며 바라보는 곳이 있다. 그것을 놓치지 말자. 매 순간 자녀를 보고 있으면 자녀의 시선이 닿는 곳을 찾아내는 것은 그리 어려운 일이 아니다. 그렇게 자녀의 흥미로운 발견 앞에 자녀가 그것을 만지고 확인하고 즐길 수 있도록 시간과 환경을 만들어 주자. 그렇게 제공받은 환경에서 자녀는 자기가 좋아하는 것과 그렇지 않은 것을 경험하는 기회를 갖게 될 것이다.

부모의 칭찬은 자녀를 춤추게 한다

자녀가 가장 좋아하는 사람은 부모이다. 그래서 부모의 칭찬은 무엇이 되었든 자녀를 행복하게 하는 1등 원천이다. 자녀는 늘 부모를 살핀다. 내가 이것을 했을 때 부모가 좋아하니 이것은 좋은 일이고, 내가 이것을 했을 때 부모가 화난 표정을 지으니 이것은 나쁜 일로 정해진다. 모든 상황을 칭찬하라는 것은 아니다. 다만 자녀가 부모의 표정을 살피고 있다는 것을 잊지 말고, 혹시나 부모의 감정이 자녀에게 잘못 전달될 수도 있다는 것을 염두에 두자. 무엇이든 해 보고, 하고 싶고, 할 수 있을 것 같은 어린 시절에는 부모의 칭찬이 모든 일의 동기가 될 수 있음을 잊지 말고 자녀 앞에서는 밝은 표정으로, 자녀의 행동에는 직접적인 칭찬의 피드백을 아낌없이 쏟아 주자.

마음이 따뜻한 것은 강점이다

태어나면서부터 따뜻한 마음을 가지고 있는 이들은 친구를 돕거나 부모를 도우면서 자신이 진짜 좋은 사람이라는 만족감을 얻는다. 맛있는 간식을 먹이고 싶어 자녀에게 주었더니 그것을 자기는 먹지도 않고 친구에게 나누어 주는, 속 터지는 착한 마음을 지녔다. 마음이 따뜻한 것은 분명 좋은 강점이다. 다른 사람을 배려하며 나눌 수 있는 마음의 여유가 있다는 증거이기도 하다. 그러니 순하고 속없어 보이는 착한 자녀의 선함이 더 잘 자랄 수 있도록 건강하게 키워 주는 것이 중요하다.

안전한 환경임을 알려 준다

무언가를 꿈꾸고 상상하기 위해 선행되어야 하는 조건이 있다. 바로 안전이다. 내가 다른 것에 집중해도 괜찮은 안전한 환경인지, 내가 무언가를 만져 보고 탐색해 봐도 괜찮은 곳인지에 관한 확인이 먼저 필요하다. 소심한 성격에 낯가림한다고 규정하지 말자. 자녀가 부모 품에서 잠을 자는 건 부모 품이 세상에서 가장 안전하기 때문에 자신의 전부를 맡긴 것이다. 이처럼 자녀가 하고 싶은 일에 집중할 수 있도록 안전한 환경을 확인시켜 주는 일을 먼저 하자.

🪑 자녀가 초등학생일 때 기억해야 할 것

선생님의 평가를 전부로 여기지 않는다

이들에게는 주변 사람들의 평가가 무엇보다 중요하다. 더욱이 선생님의 평가라면 자녀에게 무엇보다 강력한 힘을 발휘한다. 선생님이 지나가는 말로 "정리를 좀 해 볼까?"라고 했다면 보통은 말 그대로 정리를 하자는 말로 듣지만, 이들은 '너는 정리가 정말 안 되는구나.'라고 받아들이고 선생님의 말씀을 자신을 평가하는 전부로 여겨 괴로워할 수도 있다. 도대체 이해할 수 없는 비약이지만 자녀에게는 그럴 수 있는 일이라는 걸 부모가 먼저 이해해 주자. 선생님의 말씀이 자녀의 전부를 평가하는 말이 아니라는 것을 자녀가 믿을 수 있을 때까지 끊임없이 알려 주어야 한다.

시간과 선택의 자유를 준다

이들은 하고 싶은 일에 에너지를 쏟아 낸다. 아무리 좋은 것이라도 자기 스스로 그것에 대해 흥미를 느끼지 못한다면 그것은 자녀에게는 가치 있지 않다. 새로운 것을 상상하고 꿈꾸며 흥미로운 일에 집중하는 자녀에게는 일정한 교육적 규칙 속에서 공부하는 것이 어려운 일일 수 있다. 그러니 학교 공부 이외의 시간에는 자신이 하고 싶은 것을 선택해서 할 수 있도록 시간을 주자. 자신에게 주어진 시간 속에서 자녀는 보다 적극적으로 자기가 좋아하는 것과 흥미로운 것이 무엇인지를 찾고 그것에 대해 더 많이 생각해 보려고 할 것이다.

자녀의 꿈에 대해 적극적으로 들어 준다

초등학생이 되면 장래희망이 조금은 더 구체적이거나 현실적으로 바뀐다. 그런데 이들은 상상과 흥미로움 속에 빠져 생각지도 못한 미래 계획을 세우고 그 속에서 자기가 이루고 싶은 것들을 이야기할 수 있다. 부모 생각에 그것이 말도 안 되는 허무맹랑한 이야기라 할지라도 그것이 당장 자녀의 내일이 되지는 않을 테니 지금 꿈꾸는 자녀의 미래를 부모의 현실적인 논리로 규정하지 않도록 한다. 꿈을 꾸며 생각지도 못한 계획을 이야기하는 당신의 자녀가 훗날 미래의 획기적인 발명품을 개발하는 주역이 될 수도 있다.

약속된 계획은 반드시 지키는 훈련이 필요하다

하고 싶은 일이 너무 많아 이것저것 생각하고 시작하다 보면 마무리가 되지 않는 일이 많을 수 있다. 더구나 초등학생이 되면 학교 공부나 결과가 마무리되지 않는 습관은 학업 성적과 학습 습관에도 영향을 미친다. 그런데 이들은 체계적인 계획표를 지키게 하면 답답해서 피할 수 있으므로 계획을 세울 때 시간별로 지켜야 할 행동이나 공부 분량으로 정하기보다는 오늘 하루에 해야 할 과목과 분량, 오늘 해야 할 일의 목록 정도로 계획표를 세우는 것이 좋다. 그리고 하루라는 시간 안에서 자유로운 선택권을 자녀에게 준다. 다만 '오늘 약속한 분량은 반드시 마무리한다.'는 약속은 꼭 지켜야 한다.

저는 머릿속에 참 생각이 많아요. 현실과 상상, 여러 가지가 복잡하게 얽혀 있거든요. 그래서 엄마, 아빠가 저한테 갑자기 말을 시키면 저는 엉뚱한 말을 할지도 몰라요. 정리가 안 된 채로 뒤엉킨 생각이 멋대로 튀어나갈 수 있거든요. 그러니 너무 놀라진 말고 다만 저에게 시간을 좀 주세요. 복잡한 생각과 상상 속에서 길을 찾을 시간이 있으면 저도 좀 더 정리해서 말할 수 있답니다.

제가 엄마, 아빠한테 "나한테 관심이 없어."라고 서운해할 때 당황하시는 거 알아요. 저는 엄마, 아빠의 말투나 표정을 보고 무슨 일이 있는 건지 바로 알거든요. 그래서 엄마, 아빠가 제 말투나 표정의 작은 변화에 제가 하듯이 관심을 기울여 주시면 좋겠어요. 아무것도 모르고 넘어가시면 그만큼 저한테 무관심한 것 같아서 섭섭해요.

전에 저한테 말하지 않으면 모른다고 하셨으니 저도 제 마음을 좀 더 표현해 보려고 노력할게요. 하지만 제가 엄마, 아빠한테서라도 세심한 관찰과 관심을 받고 싶다는 걸 알아주시면 좋겠어요.

저한테 거절하는 말을 할 때는 엄마, 아빠가 절 밀어내는 게 아니라고 같이 표현해 주세요. "지금은 안 돼." 이렇게만 말씀하시면 저랑 같이 시간을 보내기 싫어하시는 것 같아 상처 받거든요. "지금은 안 되고 대신 언제 뭐 하자." 이렇게 분명하게 약속을 해 주시면 저는 안심하고 엄마, 아빠를 기다릴 수 있을 거예요.

INTP

부모-끊임없이 배우는 탐구자
자녀-호불호 뚜렷한 호기심 천국

에너지 흐름	☐ 외향적	☑ 내향적
정보 수집	☐ 경험 중심	☑ 가치 중심
중요한 결정	☑ 논리적	☐ 관계적
생활 양식	☐ 계획적	☑ 융통성
마음의 이정표	☐ 생산성	☐ 의미
	☐ 인간미	☑ 진리
태도의 기준	☐ 진지한	☐ 행동화
	☑ 관망	☐ 추진력
타고난 기질	☐ 보호자	☐ 이상가
	☐ 장인	☑ 합리적
적응 방식	☐ 현상 유지	☐ 행동 먼저
	☑ 생각 많음	☐ 변화 추구

INTP 부모

INTP 부모의 재발견

끊임없이 배우는 탐구자

감정에 동요되지 않는 차분함으로 자녀에게 믿음을 주는 부모이다. 엄격한 규율보다는 자유롭고 독립적인 분위기로 가정을 이끌어 자녀가 스스로 자라날 수 있게 돕는다. 자녀의 천진난만한 지적 호기심과 상상력의 불씨에 불을 붙여 주는 특성이 있다.

이들은 지적 호기심이 많고, 끈기 있게 탐구해 나간다. 그래서 자녀가 "왜?"라는 질문을 해도 이를 반갑게 받아들인다. "엄마, 하늘은 왜 파란색이야?", "아빠, 왜 모기는 자꾸 나를 물어?"처럼 자녀가 끊임없이 질문할 때 자녀의 말을 진지하게 듣고 토론하면서 함께 새로운 것을 배워 나간다. 자녀의 생각에 대해서 쓸데없다고 면박을 주기보다는 자녀가 자기 관점을 나름대로의 논리를 가지고 전달하면 존중하며 경청한다. 이러한 자유로운 토론을 통해 자녀가 자신의 생각에 자신감을 가지고 지적으로 성장해 나갈 수 있는 환경을 제공한다.

이들은 자신이 독립적인 만큼 자녀도 독립적이고 자율적인 사람으로 성장하기를 원한다. 그래서 자녀가 무엇이든 스스로 해 나가도록 여유를 주고 기다려 준다. 예를 들어, 자녀가 숙제를 하고 있을 때 딱하거나 답답하다는 이유로 자녀 대신 숙제를 해 주지 않는다. 대신 자녀가 스스로 생각해 보도록 "이건 왜 그럴까?" 등의 질문을 해 주면서 자녀가 혼자 힘으로 생각하고 배우도록 그 과정을 함께할 뿐이다. 무엇인가 알려 주더라도 답보다는 스스로 답을 찾아내는 방법을 알려 주기를 좋아한다.

이들은 매 순간 변화하는 상황에 대해서 유연하고 순발력 있게 반응하는 편이다. 이는 자녀를 대할 때에도 마찬가지이다. 늘 변화하는 자녀의 상태에 유연하게 반응하면서, 어떤 경험에서든 자녀가 뭔가 새롭게 배워 나갈 수 있도록 이끌어 준다. 심지어 자녀가 컵을 깨뜨리고 음식을 엎지르는 등의 실수를 하더라도 "자, 컵을 안 깨려면 어떻게 하면 좋을까? 이렇게 해 볼까?"라고 말하면서 그 실수에서 자녀가 새로운 걸 배우게끔 한다. 자녀의 실수에 대해 너그럽고 침착하게, 그러면서도 유연하게 대처하는 부모를 통해 자녀는 시행착오를 두려워하지 않는 법을 배울 수 있다.

이런 부분은 고려해야 해요

자녀에 대한 사랑과 관심, 칭찬까지도 특유의 논리 정연함을 통해 표현하다 보니, 이들의 마음이 잘 드러나지 않을 때가 많다. 자녀와 여러 생각을 나누며 토론하다가도 자녀가 이들에게 와 닿지 않는 논리를 계속 펼치면 이를 고쳐 주고 싶은 충동이 들면서 자녀에게 지적을 할 수 있다. 그래서 가끔 자녀 입장에서는 부모가 충분히 가깝다고 느껴지지도 않고, 받아 주기보다는 자꾸 논리적으로 지적하는 어려운 사람으로 느껴질 수 있다.

이들은 규칙적인 일정에 따라 자녀를 보살피는 일이 마치 어딘가에 구속되고 얽매이는 것처럼 느껴질 수 있다. 따라서 매일 아침 자녀를 깨워서 준비시키고 등원시킨다거나, 매일 저녁 자녀에게 식사를 챙겨 주고 씻기고 재우는 등의 반복적인 일을 유독 힘들어한다. 혼자 생각에 빠져들다가 자녀의 준비물을 챙기는 걸 깜빡하거나, 세탁기를 돌려 놓기만 하고 정작 빨래 너는 일을 빼먹는 등 집안일에서 자잘한 실수를 반복하는 일도 잦다. 의식의 흐름에 따라 자유롭게 생각을 이어 나가는 특성 때문에 꼼꼼한 규칙과 책임들에 대해 크고 작은 누락이 발생하거나 지루함을 느끼는 순간이 잦다.

이 유형의 성격적 아킬레스건을 보호하기 위한 3가지 포인트는 다음과 같다.

첫째, 때로는 자녀가 틀린 생각을 하고 있더라도 맞서지 말고 한 번 지켜보자. 자신의 실패를 견뎌 낸 경험이 있는 자녀는 더 튼튼하게 자랄 것이다.

둘째, 부모의 군더더기 없고 간단명료한 표현은 자녀에 대한 애정을 제대로 담아 내지 못할 수 있음을 기억하자.

셋째, 일상의 작은 규칙이나 계획들이 당신을 답답하게 만들 수는 있지만, 반대로 작은 실수들을 덜어 주는 데에는 유용할 것이니 적용해 보자.

INTP 부모를 위한 양육법

🪑 자녀가 유아일 때 생각해야 할 것

자녀가 원하는 것이 무엇인지를 알아봐 준다

아이가 도대체 이해되지 않는 일에 대해 고집을 피울 때가 있다. 이게 왜 소중한지 모르겠는데 자녀는 그것을 보물처럼 간직한다. 이때 자녀에게 그것이 왜 필요한지, 왜 중요한지는 크게 중요하지 않다. 제일 중요한 건 자녀가 그것을 필요로 하며 소중하다고 생각하기 때문에 소중한 것이 됐다는 것이다. 자녀는 그 순간, 부모도 함께 소중하게 바라봐 주기를 기대할 것이다.

환경 정리로 마음의 여유를 얻는다

자녀의 성장과 함께 늘어난 자녀의 짐과 장난감, 육아용품들로 집안이 알록달록 무지갯빛의 찬란한 환경이 되면서 만물상회가 되었다. 어떻게 하면 다시 평안한 생활 공간이 될까? 정리할 물건이 많지 않도록 필요 없는 짐을 이웃에게 나누어 주거나 정리함을 활용해 물건을 담아 보자. 생활 환경이 정리되면서 마음의 공간도 함께 생길 것이다.

웃는 연습, 안아 주는 연습이 필요하다

정서 표현이 서투른 부모 곁에서는 자녀가 늘 부모의 표정을 살피며 긴장할 수 있다. 엄마(아빠)가 화가 났나? 내가 뭘 잘못했나? 그런데 엄마(아빠)는 화가 나지도, 자녀가 뭘 잘못하지도 않았다. 다만 엄마(아빠)는 그냥 웃지 않았을 뿐인데 부모 곁의 자녀는 그 작은 머리로 온갖 상상을 한다. 자녀를 위해 일부러 큰 소리로 웃어 보는 연습을 해 보자. 큰 제스처로 칭찬하는 연습을 해 보는 것도 좋다. 어색하지만 부모를 살피는 자녀를 위한다면 얼마든지 할 수 있는 일이다.

나의 시간과 나의 삶은 충분하다

자녀를 키운다는 건 생각보다 치열한 현실이다. 식은 국에 자녀가 먹다 남긴 밥을 말아 서서 후룩 넘긴다거나 따끈한 아메리카노 대신 피곤을 물리쳐 줄 믹스 커피를 식힌 후 한입에 털어 버리는 경우가 잦다. 뭔가 내 삶이 아름답지 않게 보일 수 있다. 그런데 아무도 모르는 나만의 앵글이 있다. 나의 손길이 닿는 곳에서 자녀가 행복하게 밥을 먹고, 말끔하게 씻은 후 노곤한 표정으로 꾸벅꾸벅 앉아 졸고 있는 모습은 나만 볼 수 있는 천사의 모습이란 걸 누가 알까? 누가 나를 어떻게 보아도 괜찮다. 내가 나의 시간을, 나의 삶을 충분하다고 생각하고 있으니까.

🪑 자녀가 초등학생일 때 생각해야 할 것

가능한 한 자세하게 설명한다

기회가 된다면 부모가 자녀에게 무엇인가를 설명하는 내용을 녹음해서 한 번쯤 들어 보자. 부모의 기준에 이 정도면 설명이 충분하다고 생각했던 것보다 훨씬 더 자세하고 세밀하게 천천히 자녀에게 설명할 필요가 있다. '요점만 간단히~'는 대화하는 모든 사람이 내용을 완벽히 이해한 다음에 통용될 수 있는 방법이다. 알고 있는 지식이 적은 상황에서는 요점만 간단한 설명이 아니라 눈을 감고도 상상할 수 있을 만큼의 친절하고 자세한 설명이 필요하다.

자녀와 함께 배우는 과정을 즐긴다

부모인 당신의 가장 큰 장점은 자녀와 함께 생각하며 새로운 것을 배워 가는 과정을 즐긴다는 것이다. 평생을 배워도 배움에는 끝이 없다는 말이 있다. 새로운 것을 배우는 것에 대해 부끄러움 없는 부모의 모습이 자녀에게 또 다른 배움의 즐거움을 선물할 것이다.

엄마의 에너지 잔여량을 체크한다

자녀가 있는 집은 시끌벅적하다. 특별한 이유도 없이 엄마를 불러

대는 자녀에게 최선을 다해 반응하다 보면 어느 순간 엄마의 에너지는 바닥이 난다. 자녀는 여느 때처럼 엄마를 불렀는데, 에너지가 없는 상황에서는 엄마가 자녀에게 버럭 소리를 지르게 된다. 그렇게 엄마의 에너지가 소진될 때까지 버티는 것이 아니라 미리미리 엄마의 남은 에너지 체크가 필요하다. 에너지가 방전되기 전에 미리 잠시 혼자 있는 시간을 갖거나, 엄마를 부르지 않는 타임아웃 30분의 규칙을 만들어 엄마의 에너지를 확보하자. 엄마의 에너지 상황을 모르는 상태에서 엄마가 방전되면 자녀는 달라진 엄마의 반응에 적잖이 당황할 수 있기 때문이다.

부모의 기준과 사회의 기준을 점검한다

이들은 자녀의 의사를 존중하며 가능한 자녀에게 자율성을 중요시해서 자녀가 원하는 대부분의 일을 허락한다. 하지만 부모가 허용한 가정에서의 기준이 사회의 기준과 동일한지는 확인해 볼 필요가 있다. 장난을 치며 부모를 툭툭 치는 행동, 지나가다가 동생과 부딪쳐 동생이 넘어졌는데도 그냥 모른 척해 버린 일들을 그냥 지나치고 넘어가다 보면 자녀가 사회에 나와 동일한 태도로 행동했을 때 받게 되는 사회에서의 평가는 혼란스러울 수 있다. 가족이니까 그 정도는 충분히 이해될 수 있는 일들이 사회에서는 그렇지 않은 경우가 많다. 가정에서의 양육 기준과 사회 구성원으로서 지켜야 하는 기준을 점검해 볼 필요가 있다.

INTP 자녀의 재발견

호불호 뚜렷한 호기심 천국

다른 사람들의 반응에 잘 휩쓸리지 않고, 자신이 옳다고 믿거나 원하는 것에 대해서는 흔들리지 않고 물러서지 않는 꿋꿋함이 있다. 논리적으로 생각하고 대화를 풀어 나가는 데 뛰어난 감각을 보인다. 특유의 탐구 정신을 발휘해서 자신이 관심 있는 주제에 대해서는 하나부터 열까지 파헤치기를 좋아하는 호기심이 넘치는 타고난 탐구자이다.

이들은 특히 사람보다도 어떤 대상이나 자연 현상 등에 대한 호기심이 강하고, 자신이 관심 가진 주제에 대해서 끝까지 파고든다. 좋아하는 주제에 대해서 스스로 알아 가고 지식을 쌓는 과정 자체를 즐기기 때문에 복잡하고 어려운 주제일수록 더 흥미로워한다. 무엇인가 알아

가기 시작하면 자신이 어느 정도 만족감을 얻을 때까지는 질려 하지 않고 계속 탐구하려고 한다. 그래서 관심 주제에 대해서는 거의 백과사전 수준으로 줄줄 꿰고 있다.

이들은 자신의 의견을 논리적으로 표현하는 데 뛰어나고, 다른 사람의 말에서도 논리적으로 문제가 있는지 없는지를 예리하게 잘 찾아낸다. 그러다 보니 아무리 어른의 말이라 하더라도 자신이 생각할 때는 비논리적이라 여겨지면 따르지 않는다. 예를 들어, 부모가 전후 상황에 대한 논리적 설명 없이 "장난감 치워."라고 하면 자녀는 "왜요?"라고만 물어볼 뿐 움직이지 않는다. 대신 부모가 "1시간 있다가 ○○가 놀러 오기로 했으니까 이제 장난감 치우고 준비해야 해, 장난감 정리할까?"라고 논리적으로 납득할 수 있게 해 주면 자녀는 바로 장난감을 치우기 시작할 수 있다. 논리적으로 납득되기 전에는 누구의 말도 잘 따르지 않지만, 대신 합리적으로 이해하면 바로 수긍하기에 자녀와 함께 지낼 때에는 논리적인 대화가 중요하다.

이들은 자신이 옳다고 믿거나 원하는 것에 대해서는 다른 사람이 어떻게 생각하는지를 별로 개의치 않는다. 예를 들어, 학교에서 다 같이 박물관으로 소풍을 갈 때 다른 친구들은 금방 지루해하고 다른 장소로 이동할 생각을 하더라도, 자신이 관심 있는 전시품들을 하나하나 집중해서 살펴본다. 지루해하던 친구들이 하나둘씩 먼저 빠져나가서 다른 곳에서 어울리고 있어도, 친구들 반응을 살피면서 따라 나가는 대신에 보고 싶은 것들을 다 본 후에야 마지막으로 집합 장소에 모이는 학생이 되기도 한다. 즉 흔들리지 않는 확고한 주관의 소유자라고 할 수 있다.

이런 부분은 보완이 필요해요

이들은 주관이 뚜렷한 만큼 누군가의 간섭을 싫어한다. 어린이집, 학교 등의 단체 생활을 할 때 규칙이 제시되면 이를 간섭으로 여기고 불편해한다. 게다가 자신이 논리적으로 납득되지 않으면 이를 받아들이려고 하지 않는 고집쟁이처럼 보일 수 있다. 자신만의 생각 흐름에 따라 탐구하는 데 에너지를 주로 쏟다 보니, 숙제나 준비물을 챙기거나 소지품을 정리 정돈하는 등 규칙적이고 정리된 생활을 하는 것에 서툴다. 이들에게 규칙을 제시하거나 정리 정돈을 요구하려면 다른 자녀들에 비해 더 많은 실랑이가 벌어진다.

이들은 자신의 생각을 소신 있게 표현한다. 다만 자기 의견을 드러낼 때 자신이 옳다고 믿더라도 다른 사람들 입장에서는 이를 다르게 받아들일 수 있다는 점을 놓치는 경우가 많다. 논리와 맞고 틀림을 중요시하다 보니, 자녀의 마음속에 '이게 맞는데 기분 나빠할 게 뭐가 있지?'라는 생각이 깔려 있을 수 있다. 자신의 생각에 대해서 친구가 상처를 받더라도 자신의 생각을 굽히지 않기 때문에 친구에게 사과하고 화해하려는 시도를 하지 않는 경우도 많다. 주변을 둘러보지 않고 자신이 옳다고 믿는 것에 대해서 그저 직진만 하다 보니, 다른 사람들의 감정을 헤아리는 면에서는 소홀한 편이다.

이러한 자녀의 성격 특성을 고려해 꼭 생각해야 할 3가지는 다음과 같다.

첫째, 규칙이 필요할 때도 있음을 자녀가 납득할 수 있게 설명하고 교육할 필요가 있다. "그냥 어른들 말이니까 따라."라고 말하는 대신, 규칙이 필요한 이유와 상황에 대해서 자녀에게 충분히 설명해 주자.

둘째, 자녀에게 무작정 정리 정돈을 하라고 강요하는 대신, 자녀가 정리 정돈의 필요성을 느끼게 해 주어서 자발적인 동기를 불러일으키는 것이 좋다.

셋째, 일상에서 감정 표현을 자녀에게 더 해 주고 자녀의 감정도 물어보면서, 논리와 맞고 틀림을 떠나서 다른 사람들의 마음을 헤아리는 법을 자연스럽게 배울 수 있게 도와주자.

INTP 자녀를 둔 당신을 위한 양육법

🪑 자녀가 유아일 때 기억해야 할 것

자녀에게는 나름의 이유가 있다

자기가 좋아하는 일과 좋아하지 않는 일이 명확히 구분되어 좋아하는 일만 하려고 할 때 자녀가 고집이 세다는 말을 들을 수 있다. 자녀는 그 일이 왜 좋고, 그 일이 왜 그리도 싫을까? 단순히 '고집이 세다.'에서 끝나는 것이 아니라 그것에 대한 이유를 찾아 확인해 봄으로써 자녀를 좀 더 이해하게 되고, 자녀가 불편해하는 부분에 대해 좀 더 깊이 있는 공감을 할 수 있다.

보아 주는 것만으로도 충분하다

자녀라고 해서 모두 자신을 안아 주고, 쓰다듬어 주는 것을 좋아할 것이라 여기는 건 큰 오산이다. 스킨십을 좋아하는 자녀도 있고 그렇지 않은 자녀도 있다. 자기 몸을 만지는 것을 자신의 영역에 대한 침범이라고 여겨 민감하게 반응할 수도 있으니 자녀가 스킨십에 대해 어떻게 느끼는지를 확인해 보자. 스킨십을 좋아하지 않는다면 스킨십 대신 따뜻한 눈빛을 보내 주거나 일정 거리에서 자녀에게 따뜻한 목소리로 응원의 메시지를 전달하는 것도 자녀에게 큰 행복감을 줄 수 있다.

부모와 자녀가 서로 원하는 것을 할 수 있는 조율점을 찾는다

자녀는 인형 놀이, 그림 놀이, 블록 놀이, 책 읽기 등의 놀이를 한꺼번에 모두 하고 싶어 한다. 인형 놀이를 마치고 정리한 다음에 그다음 놀이를 하는 방식이 아니다. 그런데 부모는 자녀 뒤를 쫓아다니며 종일 장난감을 치우고는 '키우기 힘든 자녀'라고 생각한다.

자녀는 자녀 나름대로, 부모는 부모 나름대로 쉽지 않은 하루하루를 보낸다. 어느 하나 즐겁지 않은 이 상황은 어디서부터인지 잘못되었을까? 자녀는 모든 장난감을 꺼내어 놓고 싶고, 부모는 정리되지 않은 환경을 보는 것이 힘들다. 그렇다면 둘 다 원하는 것을 할 수 있는 조율점을 찾아보자. "매트 안에서는 모든 장난감을 꺼내어 놀아도 좋아.",

"시계가 5시가 되어 노래가 나오면 놀던 장난감도 집에서 잠잘 준비를 해야 해. 그러니까 놀다가 장난감들 집으로 가게 해 주자."

자녀도 혼자 있는 시간이 필요하다

자녀라고 늘 엄마와 함께 있는 것을 좋아하는 건 아니다. 자녀도 혼자서 조용히 그림도 그리고, 책도 보고, 인형들과 이야기하는 시간을 즐기고 싶다. 자녀가 혼자 있는 시간을 불안해하지 말자. '친구가 없으면 어쩌지?', '친구와 사귀는 법을 모르면 어쩌지?', '혼자 노는 게 외로운데 숨기고 있으면 어쩌지?' 그렇게 자녀의 마음을 짐작하며 불안해하기보다는 자녀에게 조용히 물어보자. "혹시 친구가 필요하면 나에게 살짝 말해 줘. 내가 친구가 되어 줄 수도 있고, 곰 인형 친구를 소개해 줄 수도 있어. 네가 원하면 옆집 ○○를 집에 초대해도 좋아."

🪑 자녀가 초등학생일 때 기억해야 할 것

집중하면 주변의 소리가 잘 안 들린다

이들은 관심 있는 분야에 집중을 하다 보면 일부러 안 들리는 척하는 게 아니라 정말 주변의 소리와 시간을 잘 느끼지 못할 수 있다. 그 때문에 종종 일부러 못 듣는 척했다거나 도대체 앉아서 뭘 했는지 모르겠다는 부모의 걱정 소리를 종종 듣는다. 그러나 정말 이들은 자신이 좋아하는 무엇을 탐구하거나 확인하는 순간에는 주변에서 천둥이 치고 번개가 쳐도 잘 모른다. 머릿속으로 여러 가지 상상을 하며 생각의 조각을 맞추고 있기 때문에 눈으로 보이는 결과물이 없을 수도 있다. 그러니 자녀가 불러도 대답이 없을 때는 잠시 눈으로 먼저 확인하자. 신이 나서 뭔가에 몰두해 있는 모습을 발견하게 될 것이다.

마음을 표현하고 대화하는 연습이 필요하다

이들은 주변 친구들에게 일부러 친절하지 않은 것이 아니다. 다만 친구들과 노는 것보다 혼자 이것저것 생각하는 것을 더 좋아하는 것뿐이다. "저는 너무 재미있는 일을 친구들에게 말하면 친구들은 저만큼 재미있지 않다고 해서 그냥 저 혼자 즐기는 거예요." 그러다 보니 자녀는 친구들에게 어떻게 말을 해야 친구들이 좋아하는지를 잘 모를 수 있다. 마음 따뜻한 내 자녀가 주변 친구들에게 오해를 받지 않도록 마음을 표현하는 법과 상대방과 대화하는 방법을 가르쳐 줄 필요가 있다.

방법은 한 가지만 있지 않다

부모 세대에는 수학에서 계산을 빨리하거나 공식을 정확하게 외우는 식의 평가가 대다수였다면 지금은 문제 풀이 과정이 정확하지 않다면 답이 맞더라도 감점 요소가 된다. 새로운 풀이 과정으로 진행하면서 답까지 맞다면 오히려 추가 점수를 받을 수 있기도 하다. 이렇게 채점 기준이 달라진 이유는 문제의 결과 도출 과정에 획일적인 방식만 인정하지 않기 위해서이다. 수학 풀이 과정에서 나름의 논리가 충분히 맞다면 오히려 가산점을 받을 수 있는 창의성이 중시되는 것이다. 자녀를 양육하는 부모도 변화에 유연하게 반응해 보자. 뭔가 다른 아이디어, 다른 방식으로 생각하는 자녀의 의견을 응원하며 함께 걸어 줄 필요가 있다.

아직은 부모의 환호가 중요하다

생각하기 좋아하는 아이는 상상 속에서 오래도록 많은 일을 한다. 시간과 공간의 제약이 없는 상상 속 이야기들이 현실로 이루어지면 얼마나 좋을까? 자녀는 머릿속 이야기들을 직접 눈으로 보고 손으로 만지고 싶어서 그림을 그리거나 물건을 만들거나 글을 쓴다. 부모는 이런 자녀가 만든 세상을 진심을 다해 보아 주고, 들어 주고, 읽어 주자. 도대체 알 수 없는 추상화에 대해 잘했다 못했다가 아닌, 표현하고 싶은 아이의 마음에 환호해 주자.

저는 한 번 궁금한 게 생기면 제 성에 찰 만큼 끝까지 파고들어야 직성이 풀려요. 지겹거나 힘들지 않냐고요? 아뇨. 전 파고드는 게 너무 재미있어요. 어려울수록 더 흥미롭고요.

공부에는 별 관심을 안 보이고 왜 다른 것만 파고드는지 의아하고 아쉽기도 하실 거예요. 그렇지만 전 제가 관심이 있어야 끝까지 파고들 수 있답니다. 공부보다도 재밌는 게 얼마나 많은데요. 옆에서 엄마, 아빠가 아무리 공부하라고 말씀하셔도 저는 제가 끌리지 않으면 안 돼요.

제가 엄마, 아빠 말을 잘 안 듣는다고 해서, 부모님을 무시한다고 생각하지는 마세요. 뭔가 저한테 시키고 싶을 때에는 "그냥 해."라고만 하지 마시고, 왜 그런지 이유도 알려 주세요. 이유가 이해되면 저도 엄마, 아빠 말에 얼마든지 잘 따를 수 있어요.

규칙이나 정리 정돈도 마찬가지랍니다. 사실 전 규칙과 정리 정돈에 신경 쓰는 게 에너지 낭비 같아요. 그렇지만 왜 필요한지 알려 주시면 저도 좀 더 진심으로 규칙을 따르고 정리 정돈을 할 수 있을 거예요.

저랑 말할 때 제가 듣는 사람의 기분을 너무 신경 쓰지 않는 것 같아 서운하시죠? 제가 옳다고 믿는 걸 중요시하다 보니 다른 사람의 감정을 못 살필 때가 종종 있어요. 하지만 그렇다 해도 제가 엄마, 아빠를 사랑하는 건 변함없답니다. 단지 제가 표현에 서투를 뿐이라는 걸 알아주시고 감정도 자연스레 헤아리는 법을 알려 주세요.

ESTP

부모-게임하듯 삶을 즐기는 모험가
자녀-재치 있고 시원시원한 행동대장

에너지 흐름	☑ 외향적	☐ 내향적
정보 수집	☑ 경험 중심	☐ 가치 중심
중요한 결정	☑ 논리적	☐ 관계적
생활 양식	☐ 계획적	☑ 융통성
마음의 이정표	☑ 생산성	☐ 의미
	☐ 인간미	☐ 진리
태도의 기준	☐ 진지한	☑ 행동화
	☐ 관망	☐ 추진력
타고난 기질	☐ 보호자	☐ 이상가
	☑ 장인	☐ 합리적
적응 방식	☐ 현상 유지	☑ 행동 먼저
	☐ 생각 많음	☐ 변화 추구

ESTP 부모

ESTP 부모의 재발견

게임하듯
삶을 즐기는 모험가

자녀를 있는 그대로 열린 마음으로 바라보고, 융통성 있고 현실적인 문제 해결 방법을 제시해 주는 부모이다. 자녀가 좋아하는 것을 함께 체험하면서 즐기는 열정적인 '행동파' 부모로 매일 반복되는 일상 속에서도 당신은 매 순간을 새롭게 받아들이고 재미있게 즐기는 법을 자녀에게 알려 준다.

이들은 흥이 많고 열정적이다. 매일 단조로운 일상이 반복되어도 그 속에서 재미를 찾아가면서 게임하듯이 즐긴다. 이는 자녀와 함께하는 순간에도 마찬가지이다. 자녀가 어린이집에서 새로 배운 노래, 야외 활동, 친구들이나 가족들과의 외출 등 얼핏 보기에는 특별할 것 없는 일상에 대해서도 자녀에게 매 순간 무엇을 접했는지 구체적으로 물어본다. "와, 저기서 까만 새들이 운다. 신기하다, 그치? 우리 저 까만 새들이 또 어디에 있는지 같이 찾아볼까?" 이런 식이다.

이들의 질문을 통해 자녀는 자신이 오감을 활용해서 보고 듣고 느끼는 것에 더 집중하고, 생생하게 경험하는 방법을 자연스럽게 배워 나간다. 그리고 자신이 무엇을 특별히 더 좋아하는지 알고, 그걸 즐기는 법도 알게 된다.

이들은 활동적이고 에너지가 넘친다. 그래서 자녀가 무엇을 좋아하는지 자녀의 눈높이에 맞춰서 이야기하는 데 멈추지 않고, 그걸 자녀와 직접 함께 체험하는 것을 즐긴다. 이처럼 열정적으로 앞장서는 부모와 함께하면 자녀는 다양한 삶을 즐길 수 있다.

이들은 사람이나 일에 대한 선입견이 적고 개방적이다. 자녀를 대할 때에도 있는 그대로 열린 마음으로 바라봐 준다. 어린이집에 가기 싫다는 자녀에게 "그래도 가야 해."라고 밀어붙이기보다는 왜 자녀가 어린이집에 가기 싫어하는지 자녀의 상황을 있는 그대로 살펴보려고 한다. 그리고 필요하다고 판단되면 어린이집을 며칠 쉬면서 자녀에게 가장 만족스러운 해결책을 찾아준다. 이들의 융통성 덕분에 자녀는 실질적으로 필요한 도움을 받을 수 있다.

 ## 이런 부분은 고려해야 해요

이들은 주변 환경의 다양한 변화에 그때그때 융통성 있게 반응할 수 있다. 다만 이러한 즉흥성 때문에 때로는 자녀를 돌보고 집안일을 처리하면서 한 가지를 진득하게 마무리하는 것을 어려워하기도 한다. 청소하다가 친구한테서 전화가 오면 바로 수다를 떨기 시작하면서 청소하던 걸 까맣게 잊어버리는 등 다른 것에 쉽게 한눈을 팔기도 한다.

이들에게는 세상만사가 늘 새롭고 흥미롭게 다가오는 까닭에 규칙적으로 집안일을 하고 자녀를 돌보는 것이 상대적으로 지겹고 지루하다고 느낄 수 있다. 그러다 보니 자녀 입장에서는 이들과 함께 있을 때 일상이 다소 종잡을 수 없이 가변적이라 혼란스럽다는 인상을 받고, 안정감을 별로 느끼지 못할 수도 있다.

이들은 활기차고 에너지가 넘치기 때문에 책을 읽거나 조용히 대화를 나누는 등 정적으로 시간을 보내는 것을 다소 답답해하고 지루해한다. 자녀가 책을 함께 읽고 싶어 하거나, 그날 하루 동안 있었던 일에 대해 이야기하고 싶어 해도, 이들의 입장에서는 그렇게 시간을 보내는 것이 어딘가 심심하게 느껴질 수 있다. 이들의 주요 관심사는 문제를 실질적으로 해결하는 것이기 때문에 자녀의 이야기를 들을 때 자녀의 느낌이나 바람에 차분하게 귀를 기울이는 것이 상대적으로 서툴다.

이 유형의 성격적 아킬레스건을 보호하기 위한 3가지 포인트는 다음과 같다.

첫째, 주변에 여러 가지 재밌어 보이는 것이 있더라도 한 번 시작한 일은 끝까지 마무리를 짓고 나서 다른 관심사를 충족시키는 연습을 해 보자.

둘째, 자녀와 시간을 보낼 때 차분하고 평온한 활동과 동적인 활동 사이의 균형을 맞춰 보는 것이 도움이 될 수 있다.

셋째, 자녀가 부모에게 바라는 점에 대해서 이야기를 나눌 때 바로 상황에 맞춰 문제를 해결해 주려고 나서는 대신, 자녀가 진짜 필요로 하는 것이 무엇일지 찬찬히 살펴보는 시간을 가져 보자.

ESTP 부모를 위한 양육법

🪑 자녀가 유아일 때 생각해야 할 것

부모로의 모드 전환이 필요하다

부모가 되기 전에 즐기던 일을 부모가 된 후에도 동일하게 진행할 수는 없다. 자녀와 함께 매일의 시간을 보내고, 부모를 전적으로 의지하며 바라보는 자녀 곁에 부모라는 이름으로 사는 날들도 충분히 가슴 뛰는 일이 될 수 있다. 부모의 무게를 무거움이나 부담감으로 여기지 않기를 바란다. 세상에 없던 새로운 생명을 전적으로 나의 손으로 먹이고 입히는 일은 무척 신비롭고 놀라운 일이다. 누워만 있던 자녀가 두 발로 걷고, 오물오물 입술을 벌려 "엄마!", "아빠!"라고 불러 주는 일은 세상 어떤 일보다 흥분되고 경이롭다.

자녀 눈높이에 키를 맞춘다

태어나 처음으로 바닷가에 왔다. 파도는 부모에게는 낭만의 상징이고 시원함과 청량함을 제공하는 참 좋은 느낌이다. 그래서 자녀에게도 권했다. "물에 발을 담가 봐.", "파도가 발을 간질일 거야." 그런데 자녀는 파도가 무섭다고 자지러지게 운다. "괜찮아. 안 무서워. 이게 뭐가 무서워." 그런데 그건 부모는 파도를 알기 때문이다. 파도가 아무리 높아도 지금은 자신의 발목까지만 닿으리라는 것, 파도가 오기 전에 충분히 뒤로 물러날 수 있다는 것을 말이다. 가끔 자녀 눈높이에 키를 맞추어 자녀가 보는 세상을 함께 바라보자. 부모의 기준에서 도전할 만한 일들이 자녀에게도 도전해 볼 만한 일이 되는지 확인이 필요하다.

모든 것을 재미있고 유쾌하게 만든다

이들은 생활의 모든 부분을 유쾌하게 만들 수 있는 능력을 갖추고 있다. 그래서 이들이 속한 가족은 늘 행복하고 웃음이 넘친다. 웃음이 가득한 가정에서 자라는 것처럼 축복받은 환경은 없다. 어린 자녀일수록 부모의 웃는 모습과 행복한 기운이 전달되면 세상을 판단하는 기준을 더 긍정적으로 받아들일 수 있다. 지금 부모의 웃음은 평생 동안 자녀가 살아갈 세상에 대해 긍정성을 만들어 주는 일이다.

든든한 이웃을 만든다

특별한 이슈가 없어도 괜찮다. 예쁘게 꾸미고 단장하지 않아도 괜찮다. 자녀를 어린이집에 보내고 동네 카페에서 커피 한 잔을 마시며 이웃들과 이야기를 나누는 시간이 필요하다. 일상의 평범함 속에서 매일 만나도 할 말이 생기는 건 부모들의 하루하루가 똑같지 않기 때문이다. 반복되는 것 같으나 반복되지 않는 날들을 함께 살아내고 있는 동료도 되고 동지도 되어 주는 이웃들을 만들자. 급하게 자녀를 부탁해도 미안하지 않은 그런 이웃이 멀리 사는 가족보다 훨씬 큰 힘이 되어 줄 것이다.

🪑 자녀가 초등학생일 때 생각해야 할 것

저학년과 고학년 엄마의 학교 활동은 다르다

이들은 자녀를 위해 적극 활동하고 자녀에게 필요하다면 무엇이든 열심이기에 학교의 학부모 모임이나 반 모임에도 적극 참여할 것이다. 부모의 적극적 활동은 자녀가 초등학교 저학년일 경우 자녀의 학교 적응과 선생님과의 관계 형성에 큰 도움이 된다. 하지만 자녀가 고학년이 되면 반드시 자녀의 의사를 확인한 후 학교 활동을 진행하자.

자녀와 '우리끼리 박물관지도'를 만든다

이들은 특별히 노력하지 않아도 책에 나오는 박물관 여행, 사적지 여행, 역사 여행을 기획해서 자녀와 함께 다닐 수 있는 활동적이고 에너지 많은 최고의 부모가 될 수 있다. 몸으로 익힌 배움은 책으로 알게 된 내용보다 더욱 오래 기억된다. 더욱이 부모와 함께한 박물관 여행이라면 박물관에서 보았던 지식에다 부모님과 나누었던 이야기와 느낌까지 더하여 자녀의 추억으로 자리하게 될 것이다.

부모라고 모든 것이 완벽한 건 아니다

활동적인 부모이지만 조용하고 꾸준함이 필요한 양육은 어려워할 수 있다. 자녀의 학교 숙제를 꼼꼼하게 봐주어야 한다거나 오래도록 자녀를 기다려 주어야 하는 상황이 생길 때는 자신이 하기 어려운 부분임을 인정하고 주변의 도움을 받자. 부모가 하기 어려운 부분이라고 자녀에게 솔직히 고백하는 것도 괜찮다.

새로운 변화가 필요하다

반복적인 일상을 사는 것에 유독 에너지가 더 많이 쓰인다고 느낄 수 있다. 그저 밥 먹고, 자녀 키우고, 가끔 외출도 하고, 다들 그렇게 사는 일이 뭐가 힘이 드는지 묻는다면 정확한 이유를 말하기는 어렵다. 매일 반복되는 생활이 힘들다고 말하지 못하는 이유이기도 하다. 그런데 반복되는 하루하루가 힘겨운 사람도 있다. 그래서 특별한 일, 재미있는 일, 새로운 변화를 찾고 꿈꾼다. 자녀가 학교나 학원에 가 있는 동안 마트에서 쇼핑을 하거나, 가까운 곳에 드라이브를 하는 것도 좋다. 동호회의 운동 모임에 참여하는 것도 도움이 된다. 이런 것들이 부모에게 삶의 활력이 되고 뭔가 살아 있음을 느낄 수 있는 원동력이 된다면 충분히 변화가 필요하다.

ESTP 자녀의 재발견

재치 있고 시원시원한 행동대장

상황을 복잡하게 받아들이기보다는 단순 명쾌하게 정리하는 데 강하기 때문에 매사에 시원시원하고 거침없는 매력이 있다. 선입견이 없어서 누구하고든 금방 친해질 수 있다. 순발력이 뛰어나기 때문에 곤란한 상황에서도 재치를 발휘해서 그 순간을 잘 넘기는 재주가 있다.

이들은 매사에 거침없이 시원시원하게 행동한다. 아무리 복잡한 상황이어도 오랫동안 고민하기보다는 상황을 단순하게 정리하고 명쾌하게 결론을 내린다. 예를 들어, 평소에 친하게 지내던 친구가 어느 날 갑자기 자신을 피하는 듯이 느껴져도 '친구가 뭔가 기분 나쁜 일이 있나 보다.'라고 단순하게 결론을 내리고 오랫동안 고민하지 않는다.

이들은 자기주장이 강한 편이기 때문에 대화를 하다가 친구들과 종종 싸우기도 하지만, 이러한 상황에 대해서도 단순 명료하게 정리하고 뒤끝 없이 친구에게 바로 화해하자고 손을 내민다. 이처럼 시원시원하고 뒤끝 없는 매력이 있기 때문에 흔히 '대장부', '여장부'라고 불리는 경우가 많다.

이들은 선입견이 없어서 어느 사람이건 열린 마음으로 대하기에 누구와도 잘 어울리고 금방 친해지는 편이다. 어린이집을 옮기거나 전학을 가는 등 낯선 환경에 가게 되더라도 금방 마음을 열고 사람들에게 다가가는 등 뛰어난 적응력과 친화력을 보인다.

이들은 융통성이 있고 순발력이 뛰어나다. 그래서 예상치 못한 어려움에 처하거나 자신이 불리한 상황에 놓여도 재치를 발휘해서 그 순간을 잘 넘긴다. 예를 들어, 학교 미술 시간에 준비물을 챙겨 오는 것을 깜빡해서 곤란해지면 이들은 한 친구에게서는 연필을 빌리고, 또 다른 친구에게서는 종이를 빌리는 식으로 임기응변을 발휘해서 준비물을 마련하여 미술 시간을 무사히 넘길 수 있다. 경우에 따라서는 자신이 망가지는 것을 주저하지 않고 유머 감각을 발휘해서 주변 사람들에게 유쾌함을 준다.

 ## 이런 부분은 보완이 필요해요

이들은 행동하는 데에는 빠르지만 복잡한 문제에 대해서 생각하는 것은 골치 아프다고 여기고 자꾸 피하고 미루려고 한다. 따라서 때로는 행동에 나서기 전에 먼저 신중해져야 하는 상황에서 실수를 저지르기 쉽다. 친구가 화났을 때, 친구가 왜 화났고 어떻게 사과하면 좋을지에 대해서 천천히 생각해 보기보다는, 다시 친하게 다가가면서 어물쩍 넘기려다가 친구의 화를 오히려 더 돋운다든가 한다. 그러다 보니 때로는 행동을 저질러 놓고 뒤늦게 후회하는 불상사가 발생하기도 한다.

이들은 행동파이지만 싫증을 잘 내는 편이다. 직접 몸으로 부딪쳐 가면서 뭔가 새로운 일을 시작하기는 잘하지만, 금방 질려 하고 다른 데로 시선을 돌리기 때문에 뒷마무리가 제대로 안 될 때가 많다. 예를 들어, 시험공부를 할 때에도 처음에는 국어책을 펴 놓고 공부하기 시작하다가, 수학 시험 생각이 나면 수학책을 옆에 같이 펴 놓고 두 과목을 번갈아 가면서 공부한다. 그러다가 둘 중 어느 과목도 끝까지 공부를 마무리하지 못하고 흐지부지 끝나게 되기도 한다. 계획 없이 매 순간의 기분에 따라 일을 벌이는 면이 있기 때문에 공부를 하건, 취미 활동을 하건, 학원을 다니건, 한 번 시작한 일이 용두사미로 끝나는 경우가 빈번하다.

이러한 자녀의 성격 특성을 고려해 꼭 생각해야 할 3가지는 다음과 같다.

첫째, 넘치는 에너지를 조절하는 방법을 알려 줄 필요가 있다. 자녀가 행동이 앞서서 실수했을 때에는 바로 혼내기보다 왜 그 행동이 잘못되었는지, 왜 그런 행동을 하게 되었는지 이야기를 듣고 자녀와 함께 대처 방법을 찾아보는 것이 필요하다.

둘째, 자기주장이 강해서 자신이 스스로 결정한 일에 대해 동기부여가 더욱 잘되는 경향이 있다. 그래서 행동이 앞서기 전에 스스로 결정할 수 있도록 미리 의견을 물어보고 생각할 기회를 마련해 주는 게 도움이 된다.

셋째, 세세한 수준까지는 아니더라도 큰 단위로라도 계획을 세우고 그 계획에 따라 일을 마무리하는 연습을 해 보게끔 도와주면 좋다.

ESTP 자녀를 둔 당신을 위한 양육법

🪑 자녀가 유아일 때 기억해야 할 것

몸으로 논다

이들은 성별과 상관없이 몸을 움직이며 땀을 흘리며 놀기를 좋아한다. 이들에게 집은 너무 좁은 공간이다. 밖으로 나가 몸으로 뛰게 하자. 이들은 몸을 움직이고 에너지를 사용하면서 더 많은 에너지를 공급받는 것처럼 느낀다. 몸을 움직여야 비로소 무언가 해냈다는 성취감을 느낄 수 있다.

안전 가이드를 제공해 준다

무엇이든지 적극 참여하고 도전적이라 늘 새로운 시도를 흥미로워한다. 전혀 예상할 수 없는 부분에 도전하다 보니 안전사고가 우려될 수 있다. "위험하니까 하지 마.", "그냥 있어."가 아니라 위험한 것에 대해 정확한 가이드를 제공해 주고, 부모가 안전한 환경을 만들어 주자. 안전한 환경에서 자녀는 자신이 하고 싶고 알고 싶은 일들을 마음껏 경험할 수 있다.

가만히 앉아 책 읽는 것이 제일 어렵다

꼭 가만히 앉아 책을 읽으라고 하기보다는 일단 책에 관한 관심을 키워 주어야 한다. 책과 관련된 영화나 연극, 뮤지컬을 보여 주고 나서 책을 보게 한다거나 부모의 구연동화로 책과 가까워지게 하는 연습이 먼저이다. 책에 있는 주인공들을 종이에 그려 오리게 한 후 책에 있는 내용을 대사를 넣어 부모와 자녀가 손가락 인형극을 해도 좋다. 관객은 엄마나 아빠 중 리액션이 큰 사람이 담당한다. 역할은 바꿔서 해도 좋다.

주의집중과 움직임의 연습이 필요하다

이들은 뭐든 적극적이고 몸으로 움직이려고 해서 조심성이 필요하거나 작은 활동을 집중해서 하는 것을 어려워할 수 있다. 무조건 큰 활동만 자녀에게 좋은 건 아니다. 대근육과 소근육이 함께 발달해야 하는 것처럼 큰 활동의 경험과 함께 작은 활동의 경험도 필요하다.

4~5살이 되면 플라스틱 컵으로 물을 옮기는 연습을 시켜 보자. 물을 흘려 옷이 젖고 식탁이 지저분해져도 괜찮다. 물을 옮기는 동안 자녀는 조심조심 걷는 연습을 한 것이다. 6~7살이 되면 미지근한 온기가

있는 물을 옮기게 해 보자. 물론 의도적으로 그 일을 훈련처럼 시키는 것이 아니라 부모를 도와주는 일처럼 해야 한다. 따뜻한 물의 온기는 자녀를 더 조심하거나 행동에 집중할 수 있도록 도와준다. 그렇게 작은 부분에 대한 주의집중과 움직임의 연습이 필요하다.

🪑 자녀가 초등학생일 때 기억해야 할 것

공부를 꼭 앉아서 할 필요는 없다

몸으로 움직여 설명하거나, 서서 책을 읽거나, 칠판에 공부한 내용을 적어 보는 방식으로 몸을 사용하는 공부법을 적용해 보자. 공부는 책상에 가만히 앉아서만 해야 하는 것이 아니다. 자신에게 가장 효율적인 방법을 찾는 것이 중요하다. 자신만의 공부법을 찾고 만들었다면 이후 학습의 성과는 훨씬 더 만족스러울 것이다.

공부 에너지와 운동 에너지는 나누어져 있다

활동력이 많은 자녀이기에 에너지를 발산할 수 있는 무언가가 필요하다. 운동하고 나면 일반적으로는 피곤해서 어떻게 공부를 다시 할 수 있을까 싶지만 신기하게도 이들은 운동으로 자신의 에너지를 마음껏 발산해야 개운한 상태로 집중하며 공부를 할 수 있다. 넘쳐나는 에너지는 부모가 상상하는 그 이상이다. 공부 에너지와 운동 에너지가 나누어져 있다고 생각하면 쉽다. 쉬는 시간, 점심시간 그 짧은 순간에도 운동하고 수다를 떨거나 복도 한쪽에서 아이돌 댄스를 따라 추며

까르르 웃어대는 것은 에너지가 넘치기 때문이다. 수업 시간이 되면 언제 그랬냐는 듯 다시 앉아 공부하는 진짜 신기한 에너자이저이다.

말하기보다 듣기가 중요하다

대화를 하거나, 의견을 주장하거나, 아니면 선생님의 수업을 듣고 그에 대한 발표나 의견을 이야기할 때 가장 중요한 건 말하기보다 듣기이다. 가만히 다른 사람의 이야기를 듣고 그 이야기에 집중하여야 자신의 이야기를 정리할 수 있고 자신의 의견을 말할 수 있다. 그런데 말하기를 좋아하고 생각이 빠른 이들은 다른 사람의 말이 끝나기도 전에 자신의 이야기를 시작하려고 한다. 이런 행동은 설혹 그것이 나누고 있는 주제와 동일하더라도 함께 대화하고 있는 상황에서 예의에 벗어난 일이다. 다른 사람의 이야기를 경청하는 것은 많은 상황에서 무엇보다 필요하기 때문에 자녀가 성장하면서 꼭 갖추어야 할 중요한 자질 중의 하나이다.

끈기 있게 일을 마무리하는 연습이 필요하다

좋아하는 일만 할 수는 없다. 어렵지만 어려움을 참고 인내력을 키우는 연습이 필요하다. 한 번에 인내력을 키우기는 어려운 일이니 목표를 정해 그 목표까지 매일 조금씩 공부 시간을 늘리거나 책 읽는 시간을 늘리는 연습과 시도를 해 보자.

ESTP
자녀의 속마음

저는 복잡하게 생각하는 걸 싫어해요. 이건 제가 생각이 없다는 뜻은 아니에요. 저도 생각이 필요할 때는 분명 생각을 해요. 하지만 생각을 많이 한다고 해서 뭔가 더 뾰족한 수가 나오는 것 같지는 않거든요. 그래서 너무 복잡하고 머리 아프게 살긴 싫어요.

대신 매 순간 몸으로 부딪쳐 가면서 진짜 중요한 게 뭔지 확실히 알아가고 싶어요. 이 세상에 얼마나 신기하고 재밌는 게 많은데요. 전 생각 대신 몸으로 생생하게 그 재미를 느끼고 싶어요. 이런 제가 너무 무모해 보여서 걱정하시는 건 알아요.

하지만 너무 생각이 없다고 혼만 내시진 않았으면 좋겠어요. 대신 제가 왜 기다리지 않고 바로 직진했는지 제 얘기를 좀 더 들어 주시면 좋겠어요. 그런 다음에 저한테 더 나은 행동을 알려 주시면 좋겠어요.

엄마, 아빠도 제가 얼마나 선입견 없고 열려 있는지는 아시잖아요? 제얘기를 차근히 들은 다음 제 넘치는 에너지를 더 잘 사용하는 법을 알려주세요. 그러면 전 엄마, 아빠의 사랑이 담긴 조언을 잘 받아들일 거예요. 제 생각도 같이 물어봐 주시면 제가 몸이 바로 앞서 나가기 전에 잠깐 생각해 볼 시간을 가질 수 있을 거예요.

아, 하지만 저 쪽에 사람들 모여 있는데 뭔가 재밌어 보여요. 엄마, 아빠랑 얘기하는 것도 재밌지만, 일단 저기 가 볼게요. 있다가 제 얘기 마저 들어 주실 거죠?

부모-세상과의 다리를 놓아 주는 헌신적 안내자
자녀-명랑 쾌활하고 적응력 갑 마당발

에너지 흐름	☑ 외향적	☐ 내향적
정보 수집	☑ 경험 중심	☐ 가치 중심
중요한 결정	☐ 논리적	☑ 관계적
생활 양식	☐ 계획적	☑ 융통성
마음의 이정표	☐ 생산성	☐ 의미
	☑ 인간미	☐ 진리
태도의 기준	☐ 진지한	☑ 행동화
	☐ 관망	☐ 추진력
타고난 기질	☐ 보호자	☐ 이상가
	☑ 장인	☐ 합리적
적응 방식	☐ 현상 유지	☑ 행동 먼저
	☐ 생각 많음	☐ 변화 추구

ESFP 부모의 재발견

세상과의 다리를
놓아 주는 헌신적 안내자

  자녀의 나이가 많건 적건 상관없이 모든 나이대의 자녀와 허물없이 즐겁게 지낼 수 있는 융통성 있는 부모이다. 특유의 사교성을 발휘해서 자녀가 세상의 다양한 사람과 어울리고 보다 넓은 세상을 만날 수 있도록 다리 역할을 해 준다. 자녀가 필요로 할 때에는 언제나 함께해 주려고 하는 헌신적인 부모이다.

  이들은 자녀가 부모를 필요로 할 때 언제라도 함께하면서 구체적이고 실질적인 도움을 주고자 한다. 자신의 100%를 자녀에게 모두 쏟을 준비가 된 상태로 자녀는 부모에게서 충분히 사랑받고 보호받고 있다고 느낀다.

이들은 적극적이고 사교적인 매력이 돋보인다. 자녀와 함께할 때에도 이러한 매력을 발휘해서 자녀가 보다 다양한 경험을 해 볼 수 있도록 이끌어 준다. 누구하고든지 자연스레 이야기를 나누고 분위기를 띄우는 능력을 발휘해서 자녀가 하는 경험을 자연스럽게 재밌게 느낄 수 있도록 도와준다. 그 덕분에 자녀는 다양한 사람과 스스럼없이 어울리고 보다 넓은 세상을 만날 수 있다.

이들은 틀에 박힌 것을 싫어하기 때문에 자녀에게도 엄격하게 대하지 않고 자녀가 원하는 대로 자유롭게 선택하고 행동할 수 있도록 허락해 주는 경우가 많다. 이들은 주변 환경을 활발하게 살펴보면서 새로운 재미를 찾아내는 것을 좋아하는데, 이러한 성향 덕분에 자녀가 재미있어 할 만한 놀이를 잘 찾아내고 이를 함께 즐길 때도 많다.

이들은 자녀의 나이와 상관없이 자녀와 즐거운 시간을 보내는 방법을 수월하게 찾아낸다. 퍼즐을 맞추기도 하고, 만화 주제가 메들리를 부르면서 노래 가사 맞히기 시합을 하기도 하고, 자녀 취향의 예능 프로그램을 같이 시청하면서 함께하는 시간을 진심으로 즐길 수 있다.

이런 부분은 고려해야 해요

이들은 자녀에게 매우 헌신적이지만 그 정도가 과해지면 때로는 자녀가 독립성을 발휘할 기회를 자기도 모르게 빼앗기도 한다. 자녀가 스스로 준비물을 챙기기 전에 부모가 먼저 챙겨 놓거나 자녀가 스스로 알아서 해 볼 기회를 주지 않는다. 그리고 자녀가 "이제 내가 할 거야."라고 말하면서 부모의 도움을 거절하면 자녀가 성장했다고 기뻐하지 못하고 오히려 부모에게 거리를 둔다고 서운해하기도 한다. 자녀의 독립을 부모가 자녀보다 더 받아들이기 힘들어하는 경우도 있다.

이들은 자유분방하고 융통성이 커서 자녀를 대할 때에도 매 순간 달라지는 여러 상황적 요인이나 자녀의 다양한 욕구에 많이 집중하는 편이다. 하지만 다양한 변화를 모두 고려하고 유연하게 반응하려다 보니 일관된 규칙을 준수하는 것은 어려워한다. 자녀에게 객관적인 입장을 취하고 "이건 안 돼."라고 단호하게 말하지 못하고, "이번 한 번만 봐줄게, 이번만이야."를 남발할 수 있다. 그래서 이들은 자녀에게 규칙을 지키고 행동을 조절하는 법을 가르쳐야 할 타이밍을 놓치고 자녀에게 끌려다닐 수 있다.

이 유형의 성격적 아킬레스건을 보호하기 위한 3가지 포인트는 다음과 같다.

첫째, 자녀에게만 온전히 관심을 쏟는 대신 자신을 위한 소일거리를 찾고, 자녀에게도 자율성을 발휘할 수 있는 기회를 만들자. 자신과 자녀가 모두 행복해지기 위한 적정 거리가 필요하다.

둘째, 자녀에게 보다 객관적이고 일관된 원칙을 적용하자. 자신의 사교성을 발휘해서 다른 부모들과 어울리고 여러 경험담을 들어 보는 것도 객관성을 찾는 데 도움이 될 수 있다.

셋째, 그때그때 되는 대로 자녀와 생활하는 것이 아니라 규칙적인 일과를 지킬 수 있도록 시간 관리를 해 보는 것도 자녀에게 바른 습관을 들이는 데 유용하다.

ESFP 부모를 위한 양육법

🪑 자녀가 유아일 때 생각해야 할 것

자녀 양육을 위해 준비된 부모이다

자녀가 원하고 바라는 모든 일을 기꺼이 기뻐하면서 자녀를 양육한다. 삶의 중심이 처음부터 자녀였던 것처럼 맞춤형 부모이지만 그렇게 자녀를 위해 사는 당신에게도 문득 거울 속의 자기 모습을 보게 될 때 자신이 열심히 잘 살고 있음에 대해 인정할 수 있는 기준을 정해 두는 것이 필요하다. 그 인정의 기준은 건강하게 잘 자란 자녀가 될 수도 있고, 혹은 깔끔한 집이 될 수도 있고, 혹은 집안에서 들리는 가족들의 웃음소리일 수도 있다.

자녀 친구가 엄마 친구도 된다

좋은 사교성은 어린 자녀를 키우는 데 아주 강점이다. 자녀 또래의 친구를 놀이터에서 처음 만나더라도 그 아이와 혹은 그 아이의 부모와 어려움 없이 친한 관계를 맺을 수 있어서 자녀는 더 많은 또래 관계를 접하게 되고 당신은 혼자 육아하는 외로움에서 벗어날 수 있다. 외둥이가 많은 요즘에 또래 관계를 접하는 것은 자녀에게는 생각 이상으로 많은 경험을 할 수 있게 한다. 그러니 상황이 허락하는 한 자녀도, 엄마도 놀이터나 공원에서 많은 친구를 만나는 것이 좋다.

사랑만이 최고의 양육은 아니다

잘못인 줄 알면서도 자녀가 마치 부모를 테스트하듯이 일부러 일을 벌이는 경우가 있다. 그래 놓고서는 부모의 반응을 살핀다. 그런데 분명 잘못한 일인 줄 알았던 그 일에 대해 부모의 훈육이 없으면 자녀는 오히려 혼란을 느낀다. 나쁜 일인지 그렇지 않은 일인지 헷갈리게 되는 것이다. 자녀의 모든 것을 허용하는 것이 좋은 부모의 기준은 아니다. 다른 사람에게 피해를 주는 일, 사회에서 지켜야 할 당연한 약속, 가족 안에서의 예의와 같은 것들의 기준을 부모가 미리 세워 자녀에게 흔들림 없이 가르쳐야 한다. 그럴 때 자녀는 부모에게 신뢰를 느낀다.

자녀의 각 발달 단계에서 해야 하는 일들이 있다

자녀를 양육할 때 단계별 성장이 다음 성장에 영향을 미치는 경우가 많다. 이유식을 잘해야 다음 단계의 무른 밥을 먹을 수 있다. 빨대로 우유를 먹는 일도 혀를 빨대에 동그랗게 맞추는 것부터 빨아들이는 방법까지 모두 연습이 필요하다. 그래서 자녀를 양육할 때에는 각 단계별 성장에 대한 부모의 계획이 필요하다. 매일매일의 구체적 계획까지는 아니더라도 자녀의 발달 단계에 맞추어 부모의 성장 계획표를 준비해 보자.

🪑 자녀가 초등학생일 때 생각해야 할 것

자녀가 필요한 곳에 있어 준다

무엇이든, 어디든 자녀를 위한 일에 가장 우선순위를 두는 부모의 열정과 사랑을 자녀는 어떻게 받아들이고 있는지 확인해 볼 필요가 있다. 예를 들어, 아내는 닭가슴살을 좋아하는데 남편은 자신이 가장 좋아하는 닭다리를 아내에게 권하고는 아주 큰 배려를 했다고 생각하는 것은 제대로 된 배려가 아니다. 이처럼 부모의 기준에서 자녀를 위해 하는 모든 양육이 진짜 자녀가 원하는 것인지에 대해 가끔 자녀의 의견을 물으며 확인할 필요가 있다.

자녀의 상황을 지켜봐 주는 시간이 필요하다

자녀가 혹시나 힘들어하거나 슬퍼할 때 부모는 자녀의 상황보다 더 많이 흥분하거나 심각해질 수 있다. 부모의 상황과 경험에 자녀의 상황을 빗대어 훨씬 더 크고 강력한 감정의 소용돌이를 일으키게 된다. 자녀의 감정에 따라 좋은 친구, 나쁜 친구, 좋은 일, 나쁜 일을 결정해 자녀에게 조언하다 보면 어느 순간부터는 자녀가 자신의 상황을 부모에게 말하기 어려워진다. 자녀의 어려움을 가슴에 조금 담아 둘 수 있어야 한다. 자녀가 힘겨워하며 부모 품에서 울더라도 그 어려움을 마음껏 표현할 수 있게 부모가 조금 더 단단해져야 한다.

다양한 성공 경험의 밑거름을 만들어 준다

성공의 경험이란 꼭 무언가에서 좋은 결과를 얻어야만 할 수 있는 것은 아니다. 부모가 자녀에게 아낌없이 칭찬하고 응원해 주면 자녀는 무엇이든 할 수 있는 힘을 얻는다. 유쾌하고 사교적이며 밝은 성격의 부모가 자녀에게 제공하는 긍정적 칭찬과 응원의 기회는 자라나는 자녀에게 더없이 중요하고 소중한 밑거름이 된다. 성공의 기준을 부모의 칭찬으로 삼는 자녀에게 매일 성공했다는 의미로 파이팅을 외쳐 주자.

부모만의 시간을 가진다

자녀에게 온 신경이 다 쏠려 있는 이들은 마음으로는 '아이를 지켜보자.', '내 아이가 필요로 하면 그때 옆에 있어 주자.'라고 되새겨도 자녀가 힘들어하는 것 같으면 바로 나서기 쉽다. 자녀에게만 쏠려 있던 온 신경을 분산시킬 수 있도록 부모만의 소일거리를 찾을 필요가 있다. 오랫동안 만나지 못했던 친구와 약속을 잡거나, 그동안 자녀를 키우느라 갖지 못했던 취미를 가져 보자. 내 마음이 다른 곳에도 머무르게 되면 자녀의 일에 대해서 좀 더 여유를 가지고 지켜볼 수 있을 것이다.

명랑 쾌활하고
적응력 갑 마당발

타고난 쾌활함과 장난기가 있어 언제 어디서든 분위기를 밝고 재미있게 이끌면서 주변 사람들에게 활력소가 되어 준다. 현실적이면서도 재치가 있어서 어딜 가도 살아남을 수 있는 뛰어난 적응력의 소유자이다. 붙임성이 좋고 사람들과 어울리기를 즐거워해서 어디에서든지 자타 공인 마당발이 되고는 한다.

이들은 장난기가 많고 늘 명랑하고 쾌활하다. 장난을 자주 치기 때문에 부모에게 자잘하게 혼나는 일이 많다. 하지만 부모가 혼을 내더라도 금방 미소 지으면서 애교를 부려서 부모가 오랫동안 화낼 수 없게 만드는 매력이 있다.

이들은 주변에서 벌어지는 일들에 관심이 많기 때문에 어느 정도 분위기를 파악해 가면서 자신의 끼를 발휘하는 센스도 있다. 심각한 일도 무겁게 받아들이지 않고 재치를 발휘하기 때문에 분위기를 밝게 이끌어 간다.

이들은 현실 감각이 있는 편이다. 예를 들어, 평소에 친구에게 양보를 잘하지만 자기 숙제를 제때 하지 못해서 선생님에게 혼날 위험을 감수하면서까지 친구를 도와주지는 않을 정도로 최소한의 자기 앞가림은 하려 한다. 이러한 현실 감각에 특유의 재치가 더해지면서, 어떤 상황에서든지 임기응변을 발휘해서 잘 적응한다. 오랫동안 끈기 있게 노력하는 데에는 상대적으로 약하지만, 노력하는 순간에는 최선을 다해 집중하기 때문에 들인 노력에 비해서 결과가 좋은 편이다.

이들은 누구에게든지 붙임성 있게 행동한다. 특유의 명랑함과 쾌활함 때문에 사람들의 호감도 잘 얻는다. 친절하고, 친구가 어려움에 처하면 자신이 무리하지 않는 범위 내에서는 선뜻 잘 도와준다. 그래서 이들의 주변에는 늘 또래 친구가 많다. 시간이 생기면 바로 마음 맞는 또래 친구와 수다를 떨거나 공을 차면서 어울리는 등 다양한 친구와 시간을 보내는 것을 좋아하고, 친구의 친구와도 원래 알고 지내던 사이인 양 스스럼없이 인사를 건네는 친화력이 있다. 마당발의 대명사라고 할 수 있다.

 **이런 부분은 보완이 필요해요**

이들은 장난스럽고 붙임성도 좋은 만큼 친구들과 노는 데에 관심이 많다. 활동적이고 에너지가 많기 때문에 조용하게 한자리에 가만히 앉아서 책을 읽고 공부하는 것보다 몸을 움직이는 것을 더 좋아한다. 이들에게 학교는 '공부하는 곳'이라기보다는 '놀러 가는 곳'으로 받아들여져 주객이 전도된 반응을 보일 수도 있다. 다만 성장 과정에는 관계 형성도 중요한 발달 과업이므로 이들을 나무라지만 말고 공부와 관계 형성의 균형을 맞출 수 있게 하자.

이들은 재미있는 것, 몸을 움직이거나 자신이 직접 경험해 볼 수 있는 것들을 좋아한다. 게다가 매 순간 자신이 하고 싶은 것에 충실하다 보니, 지루함과 따분함을 견디면서 뭔가를 꾸준히 해 나가는 것을 힘들어한다. 그러다 보니 복잡하거나 지루한 것에 대해서는 관심이 적다. 자유시간이 생기면 쉽고 재미있는 오락을 주로 하고, 책을 읽는 경우는 드물다. 그래서 오랫동안 끈기 있게 집중해야 성과를 낼 수 있는 어려운 과제에는 약한 편이다. 복잡하고 심각한 것을 피하려고 하기 때문에 진지하지 못하고 가볍다는 인상을 주기도 한다.

이러한 자녀의 성격 특성을 고려해 꼭 생각해야 할 3가지는 다음과 같다.

첫째, 노는 시간은 노는 시간, 공부하는 시간은 공부하는 시간 식으로 명확하게 구분하는 연습이 필요하다. 노는 것이 즐거워도 때와 장소를 가리는 법을 알려 줄 필요가 있다.

둘째, 사신의 끼를 마음껏 발산하는 취미를 갖게 해 주면 공부해야 할 때에는 좀 더 효과적으로 집중할 수 있다.

셋째, 좋은 결과를 내기 위해서는 때로는 하기 싫어도 끈기를 발휘할 필요가 있음을 일깨워 준다. 잘하고자 하는 욕구가 강한 편이기 때문에 자녀에게 좋은 결과를 내기 위한 과정임을 잘 설명해 주면 지루함도 견뎌 보고자 하는 동기가 강화될 수 있다.

ESFP 자녀를 둔 당신을 위한 양육법

🪑 자녀가 유아일 때 기억해야 할 것

눈에 보이는 모든 것을 만져 본다

태어나면서부터 호기심 대장인 이들은 마치 다 만져 보라는 명령을 수행하는 것처럼 눈에 보이는 모든 것을 만져 보려고 한다. 그것이 위험하건 그렇지 않건 중요하지 않다. 그런 호기심을 무조건 위험하다고 막아 내기보다는 조금 위험한 일을 직접 체험하게 한 다음에 위험한 일과 그렇지 않은 일에 대한 가이드를 주고 자녀의 흥미로움을 만족할 수 있는 일을 해 볼 수 있도록 허락하는 것이 좋다.

몸으로 말하고 몸으로 익힌다

단어나 형용사·부사 등 조금 어려운 말들을 익히게 할 때 책보다는 몸으로 표현해서 가르쳐 주면 웃고 즐거워하며 몸으로 학습하게 되어 재미있게 어휘력을 늘릴 수 있다. 이들은 몸으로 말하고, 몸으로 익히는 방법으로 학습에 접근하는 것이 좋다. 초콜릿 볼을 모아 두고 엄마 1개, 아빠 1개, 아이 1개씩으로 나누어 주며 나눗셈의 의미를 익히거나, 딸기 2개를 주고 "엄마가 ○○가 너무 사랑스러워 딸기 2개를 더 주었어."처럼 몸으로 더하기를 경험시켜 주자.

10분 집중하는 것도 어렵다

아이들은 쉽게 흥미를 잃을 수도 있고, 어느 순간 새로운 흥밋거리를 찾을 수도 있다. 아이들의 관심도를 예측하기는 어렵다. 미취학 아동이 집중할 수 있는 시간이 보통 7~10분인 것을 감안하면 부모 기준에서의 끈기는 어쩌면 자녀가 할 수 없는 기준일 수 있다. 자녀의 흥미와 관심이 짧은 시간 계속 바뀌는 것은 당연하다. 그 때문에 아이들이 여러 가지 장난감을 꺼내어 놓고도 바로 다른 장난감을 꺼내어 노는 것은 이 시간 기준으로 보면 당연하다. 이렇게 객관적 데이터로 자녀를 알게 되면 막연히 걱정하던 모습이 자연스러운 모습으로 이해되기도 한다.

"조심해!"라는 말보다 "손끝을 봐."라고 말한다

물건을 들고 올 때 자녀는 다른 곳을 보거나 주변을 잘 살피지 않고 그저 마음 내키는 곳을 향해 달려온다. 그러다가 넘어지고 들고 오던 물건을 쏟기도 한다. 그때 "조심해. 천천히 와."라는 말보다 조금 더 구체적으로 "손끝을 봐.", "들고 있는 물컵 속의 물을 흘리지 않도록 천천히 오렴.", "한 걸음 한 걸음 조심히 걸어 와."처럼 구체적으로 자녀에게 실제 행동으로 옮길 수 있는 도움의 말을 해 주자.

🪑 자녀가 초등학생일 때 기억해야 할 것

자녀가 하는 공부의 의미를 찾는다

이들은 자신이 하는 공부의 목적이 좋은 성적을 얻기 위해서나 미래에 훌륭한 사람이 되기 위해서보다 지금 하는 이 공부로 인해 부모님이 행복해질 수 있다는 것에 더 큰 의미를 갖는다. 부모를 위한 공부는 초등학교 때까지는 충분한 학습 동기가 될 수 있기 때문에 공부 습관을 잡거나 학습을 처음 시작하는 시점에서는 부모를 위한 공부로 목표를 설정하는 것도 좋다. 다만 이 동기는 초등학교 저학년 때까지만 적용 가능하며 고학년이 된 이후부터는 자녀가 장래에 하고 싶은 일들에 대한 의미로 바꾸어야 한다.

공부에서 말하기는 읽기보다 더 중요하다

이들에게는 공부가 읽고 쓰기를 중심으로 이루어지지 않는다. 이들의 학습 방법에서 가장 중요한 포인트는 말하기이다. 공부한 것에 대해 강의하듯이 설명하게 하거나, 친구에게 가르쳐 주기 등 말하기를 바탕으로 공부한 내용을 정리하게 하면 효과적이다. 과목별 공부법을 정할 때도 강의나 친구에게 설명해 주기 위해 공부를 해야 하는 방식으로 학습 방법을 택하는 것이 좋다.

'지금' 하고 싶어 하는 일의 이유를 묻는다

하루하루가 흥미롭고 재미있는 자녀에게 '지금'은 매우 중요한 포인트이다. 계획적으로 어떤 목표를 세워 체계적인 시간을 보내는 것보다 마음이 시키는 대로 '지금' 생각나는 일을 선택하여 몰두하는 것을 즐긴다. '지금'을 즐기는 자녀에게 "왜?"라는 이유를 물어 자녀가 생각하고 흥미로워하는 일을 부모에게 전달하는 과정에서 자신의 생각을 한 번 정리하는 기회를 만들어 준다. 감정적인 선택을 한 경우에는 이유를 생각하면서 논리적 관점으로 바뀔 수 있고, 자기가 정말 하고 싶은 일이 구체화되어 선명해지기 때문이다.

일을 마무리 짓는 연습이 필요하다

이들은 자신의 기준에서 옳지 않다고 판단한 일은 지키려 하지 않는 경향이 있다. 그것이 합당한 이유일 수도 있고, 그저 자신이 생각하기에 불편한 일을 합리화하기 위해 만든 이유일 수도 있다. 마무리 단계에서 결과물을 만들어 내는 것이 어려운 자녀에게 부모는 어떤 부분이 부당하다고 느꼈는지, 불편함의 이유가 무엇인지 그리고 지금 계획하고 진행하는 일들에 대해 어떻게 마무리를 지어야 하는지에 대해 자녀가 연습하고 훈련할 수 있도록 도와주어야 한다. 시작한 일이 허황한 뜬구름이 되지 않고 용두사미가 되지 않도록 끝까지 일을 마무리 짓는 연습이 필요하다.

음, 갑자기 이렇게 진지하게 얘기하려니깐 어색해요. 평소처럼 재밌는 얘기 하고 그러면 안 돼요?

아, 하긴 지금 그럴 분위기는 아닌 것 같네요. 그럼 다시 집중해 볼게요. 제가 평소에 맨날 장난치고 웃으니까 엄마, 아빠가 "쟤, 밖에서도 분위기 파악 못하고 저렇게 까불면 어떡하지?" 하며 걱정하시는 거 알아요. 그렇지만 걱정 마세요. 지금 보셨죠? 저도 진지해져야겠다고 마음먹으면 얼마든지 진지해질 수 있어요. 저도 누울 곳을 보고 발을 뻗을 줄 알거든요. 저는 나름대로 눈치가 빨라요. 그래서 누구하고든지 마음 상하는 일 없이 잘 지내고, 언제 어디서건 빨리 적응해요.

이래도 제가 미덥지 않으세요? 어허, 우리 엄마, 아빠, 속고만 사셨나? 물론 제가 끈기가 좀 부족하긴 하죠. 지루한 건 딱 질색이에요. 사실 학교도 공부하러 가기보단 친구 보러 갈 때가 많아요. 공부 말고 재밌는 게 얼마나 많은데요.

그래서 저는 넘쳐서 주체 못하는 끼를 마음 놓고 발산할 곳이 더 필요한 것 같아요. 제 끼를 실컷 발산하면 '아 이젠 됐다.' 이러고 공부할 맘이 좀 생기거든요.

엄마, 아빠가 제 넘치는 에너지를 잘 쓰는 법을 알려 주시면 좋겠어요. 어쩌면 제 에너지를 잘 활용하면 의외로 누구보다도 더 열심히 공부에 파고들지도 몰라요. 제 에너지는 정말 길들이기 나름이랍니다.

부모-행동으로 모범을 보이는 우리 집 관리자
자녀-추진력 강하고 든든한 버팀목

에너지 흐름	☑ 외향적	☐ 내향적
정보 수집	☑ 경험 중심	☐ 가치 중심
중요한 결정	☑ 논리적	☐ 관계적
생활 양식	☑ 계획적	☐ 융통성
마음의 이정표	☑ 생산성	☐ 의미
	☐ 인간미	☐ 진리
태도의 기준	☐ 진지한	☐ 행동화
	☐ 관망	☑ 추진력
타고난 기질	☑ 보호자	☐ 이상가
	☐ 장인	☐ 합리적
적응 방식	☐ 현상 유지	☑ 행동 먼저
	☐ 생각 많음	☐ 변화 추구

행동으로 모범을 보이는 우리 집 관리자

자녀에게 공감과 위로의 말을 건네는 대신, 문제를 해결하기 위한 실질적인 대책을 알려 주는 해결사 같은 부모이다. 자녀에게 문제 해결과 성공에 필요한 다양한 비법을 가르치는 데 정성을 기울인다. 여러 가지 집안일을 체계적이고 질서 정연하게 처리하면서 자녀에게 든든함과 안정감을 준다.

이들은 조직력과 계획력, 추진력을 갖춘 타고난 관리자이다. 자녀를 키우면서도 이러한 관리 능력을 유감없이 발휘한다. 이들의 계획과 주도 하에 여러 가지 집안일이 질서 정연하게 처리되기 때문에 아침에 일어나서 아이가 등원할 때부터 밤에 씻고 잠자리에 들 때까지 자녀의 하루 일과가 매끄럽게 흘러간다. 이러한 일과 속에서 자녀는 안전하게 보호받고 든든한 느낌을 받을 수 있다.

이들은 논리적, 객관적이고 현실적이다. 자신의 결정을 신속하게 행동으로 옮기는 적극성과 추진력, 리더십도 갖추고 있다. 우리가 흔히 성공하기 위해 필요하다고 하는 여러 가지 덕목을 갖추고 있는 셈이다. 따라서 이들은 자녀가 살면서 마주하게 되는 여러 문제를 해결하고 성공할 수 있는 기술들을 말뿐만 아니라 행동으로 보여 준다. 이를 알려 주는 것이 자녀의 행복을 위해서 반드시 필요하다고 믿는다. 규칙적인 생활, 시간 관리와 같은 성실한 생활 태도에서부터 책임감, 독립심에 이르기까지 다양한 기술을 가르치기 위해 많은 공을 들인다.

이들은 자녀와 대화하는 것을 즐기는데, 특히 실질적이고 구체적인 것들에 대해서 이야기하는 것을 좋아한다. 추상적인 뜬 구름 잡는 이야기보다는 친한 친구와의 다툼, 공부할 때의 어려움 등 자녀의 실질적인 고민이나 관심사에 대해 어떤 것을 가르쳐 주면 좋을지 많이 생각한다. 자녀의 속상한 마음을 알아주는 것보다는 문제 상황을 해결하는 것이 이들에게는 우선순위이기 때문이다.

이런 부분은 고려해야 해요

이들은 자녀가 문제를 해결하고 성공하는 데 관심이 많은 만큼 자녀가 뭔가 실패하거나 일이 안 풀리면 큰 스트레스를 받는다. 자녀의 성공과 실패를 부모의 성공과 실패로 연결 지어서 스스로를 평가하는 경향이 있다. 예를 들어, 자녀가 어린이집을 가기 싫어한다거나, 초등학교에서의 받아쓰기 시험 점수가 안 좋을 경우 스스로 '능력 없는 부모'라고 여기면서 자책하기 쉽다. 스스로를 비난하는 데에서 멈추지 않고, 자녀를 더욱 몰아붙이거나 자신이 생각하는 틀에 따라 강하게 교육할 수도 있다.

이들은 성취를 중요시하면서 명확한 계획을 세우고 방식을 정해 놓는다. 그러다 보니 자녀가 부모가 정해 놓은 방식에서 벗어나는 행동을 하면 불편한 감정을 느끼고 자녀에게 부모의 방식을 따르도록 지시하려고 한다. 처음 이유식을 시도하는 시기에 자녀가 이유식을 거부하면 자녀가 먹성이 좋지 않다고 받아들이기보다는 지금 필요한 이유식을 먹도록 '관리'하는 자세가 되기도 한다. 자녀의 성향과 개성을 존중하기보다는 부모가 생각하는 '최선'의 방향으로 이끄는 과정에서 자녀와 갈등이 생기기도 한다.

이 유형의 성격적 아킬레스건을 보호하기 위한 3가지 포인트는 다음과 같다.

첫째, 자녀를 키우는 것과는 별개로 자신의 성취 욕구를 충족시켜 주는 활동을 병행하는 것이 필요하다. 다른 활동을 통해 자신의 통제감과 성취감이 채워지면 그만큼 자녀에게 융통성을 발휘할 마음의 여유를 확보할 수 있기 때문이다.

둘째, 자녀를 키우면서 부모가 관리하고 통제할 수 있는 부분과 그럴 수 없는 부분을 구별할 필요가 있다. 자녀의 타고난 성향은 부모의 뜻대로 변화시킬 수 없음을 기억하자.

셋째, 자녀의 문제를 해결해 주는 것도 좋지만, 자녀가 어떤 기분인지를 간과하지 말아야 한다. 때로는 문제 해결보다 공감과 위로가 더욱 필요한 순간들도 있다.

ESTJ 부모를 위한 양육법

🪑 자녀가 유아일 때 생각해야 할 것

1+1=10이 될 수도 있다

자녀를 키우는 일은 늘 계획적이고 예상대로 되는 일이 아니라는 것을 받아들이자. 3시간 간격으로 우유를 먹어야 하고 하루에 한 번은 꼭 변을 보아야 하는 계획에서 뭔가 달라진다고 해서 큰일이 생긴 것처럼 놀랄 필요는 없다. 자녀는 부모의 계획과 상관없이 자신의 속도로 쑥쑥 자라고 있다.

육아는 배우자와 함께하는 것이다

주 양육자가 엄마든 아빠든 자신이 가지고 있는 기준과 방식으로 자녀를 양육하려고 한다. 양육에 대해 배우자의 의견이 본인의 의견과 다를 경우 상대방의 의견을 무시하거나, 자신의 의견을 더욱더 강하게 피력하려고 날을 세울 수도 있다. 그런데 상대방도 나와 마찬가지로 자녀의 양육자이다. 서로 다른 양육의 기준과 방식을 공유하고 어느 것이 자녀에게 가장 좋을지 의견을 나눌 필요가 있다.

부모 휴게시간을 확보한다

이들은 질서 정연하고 딱 맞추어진 계획으로 삶을 살기 때문에 쉬는 시간을 반드시 확보할 필요가 있다. 몸이 피곤하더라도 그날 해야 할 일을 모두 끝내야 하는 이들에게는 계획들 사이에서 일이 끝이 없다. 그 때문에 자신이 원하는 최고의 양육을 꾸준히 책임 있게 하기 위해서는 의도적으로라도 쉬는 시간을 확보해야 한다.

자녀 탐험의 지킴이가 된다

자녀는 경험을 통해 세상의 다양함과 자신의 한계와 가능성을 알게 된다. 그런데 자녀에게 안전하고 좋은 것들만 경험하게 하면 자녀로서는 도전해 볼 수 있는 일과 상황이 확연히 줄어들 수밖에 없다. 자녀를 늘 꼼꼼하게 챙겨 주는 부모 자신을 믿고, 자녀가 하고 싶은 대로 만져 보고, 시도해 보고 싶은 대로 스스로 선택하는 것을 지켜봐 주자.

🪑 자녀가 초등학생일 때 생각해야 할 것

친구에 대해 자녀의 느낌과 생각을 묻는다

이들은 논리적으로 판단하고 상황을 종합하여 정리하는 능력이 뛰어나서 자녀의 친구들에 대해 더 빠르고 냉정하게 평가할 수 있다. 그런데 부모의 평가가 모두 옳지 않을 수도 있고, 부모의 평가를 자녀가 잘 받아들이지 않을 수도 있다. 따라서 부모의 의견을 직설적으로 전달하기보다는 자녀의 느낌과 생각을 먼저 들어 보자. "너에게 그 친구는 어때?"

자녀는 부모의 예의 바른 행동을 보고 배운다

예의 바른 부모에게서 자연스레 배우는 어른에 대한 예의와, 친구나 다른 관계 속에서 지켜야 할 행동들은 자녀에게 커다란 자산이 된다. 엘리베이터에서 허리를 숙여 인사하는 자녀에 대해 사람들은 "어느 부모이신지 자녀 참 잘 키우셨네." 하고 말할 것이다. 이는 부모에 대한 칭찬이기도 하지만, 굳이 드러내지 않아도 자녀의 몸에 배어 중요한 습관, 예절이 된다. 애써 가르치지 않아도 자녀들은 부모 옆에서 예의 바른 행동을 자연스럽게 보고 배우고 있다.

말하는 것이 전부다

마음에 있는 이야기를 그대로 솔직하게 전달하는 것은 자녀에게 더없이 강점이 된다. "참 잘했다~."라는 말은 어떤 높낮이로 말하느냐에 따라 칭찬이 될 수도 있고 비난이 될 수도 있는데, 이런 미묘한 말의 높낮이를 체크하며 들어야 한다면 늘 상대방의 기분을 살피며 긴장할 수밖에 없다. 그런데 이들은 이런 높낮이로 말의 의미를 표현하지 않는다. "참 잘했다."는 긍정의 의미로, "그건 조금 아쉽다. 조금 더 노력해 봐야겠어."는 아쉬움의 표현으로 있는 그대로 말하고 들을 수 있어 자녀의 감정소모가 적다.

'최선'에 대한 부모와 자녀의 생각을 확인한다

"그것이 정말 네가 할 수 있는 최선이야?" 맡겨진 일에 최선을 다하는 부모로서는 자녀의 최선이 만족스럽지 못할 수도 있다. 최선의 기준은 보이지 않고 각자 가진 능력이 다르니 최선의 기준도 모두 다를 수밖에 없다. 무엇이든 자신이 가진 능력보다 더 많은 노력을 해 온 부모로서는 자녀의 최선이 어떻게 보이는지 스스로에게 되묻거나 자녀에게 확인해 볼 필요가 있다. 부모가 요구하는 최선이 과한 것이 아닌지, 자녀에게 기대하는 최선이 현실에서는 이루어질 수 없는 내용은 아닌지 말이다. 부모가 생각하는 최선과 자녀가 생각하는 최선을 적은 다음 그것의 거리를 확인해 보자.

추진력 강하고
든든한 버팀목

책임감이 강하고 맡은 바에 충실하기 때문에 어디에서나 든든하고 믿음직스러운 모습을 보여 준다. 무엇인가를 하기로 마음먹으면 바로 계획을 세우고 행동으로 옮기는 강력한 추진력을 갖고 있다. 계획을 세우고 시간 관리를 할 때, 다른 자녀들과 어울릴 때, 목표를 이루어 내려고 마음먹었을 때 등 일상생활 전반에 걸쳐서 자기 관리를 하는 자세가 몸에 배어 있다.

이들은 책임감이 강해서, 자신이 맡은 바를 충실하게 하려고 노력한다. 누구든지 공정하게 대하고, 원리 원칙에 충실하며, 질서를 잘 지키는 모범생이기도 하다. 그래서 부모와 선생님들, 주변 친구들로부터 든든하고 믿음직스럽다는 이야기를 자주 듣는다. 예를 들어, 이들이 학급회장에 당선되면 학급회장으로서의 역할을 충실하게 모범적으로 해낸다. 담임 선생님이 자리를 비우는 시간에 대해 한시름 덜 정도로 선생님을 대신해서 같은 반 친구들을 잘 통솔한다. 이처럼 어딜 가나 자신이 맡은 바를 책임감 있게 해내는 든든한 기둥이자 대들보 같은 존재이다.

이들은 과제나 공부 등 자신에게 주어진 일을 할 때 스스로 알아서 계획을 세우고 일정을 관리하는 것을 잘한다. 한 번 계획을 세우면 거기에 그치지 않고 바로 행동으로 옮기는 힘도 있다. 학교에서 시험 기간이 다가오면서 시험 범위가 제시되면 바로 공부 계획을 세우고 그에 따라 공부를 시작한다. 친구들이나 가족들과 놀러 가기로 한 상황에서도 놀러 가기 전에 무엇을 어떻게 준비하면 좋을지 계획을 세우고 이를 실천에 옮긴다. 가족들끼리 며칠 여행을 가기로 했다면 그 전에 학습지가 밀리지 않도록 미리 풀어 놓기도 한다. 이처럼 계획력과 추진력을 함께 갖추고 있기에 무엇인가를 하기로 마음먹으면 바로 일사천리로 진행한다.

이들은 부모가 시키지 않아도 스스로 알아서 시간표를 짜고 일정을 관리한다. 주변 사람들을 대할 때에도 자신이 정해 놓은 선을 잘 지키면서 절제하는 모습을 보여 준다. 활발하고 명랑하게 친구와 장난치는 걸 즐기지만, 자신이 생각하는 선을 넘어서 짓궂게 구는 일은 거의 없다. 무엇을 이루어 내겠다고 목표를 세우면 그 목표를 이루어

내기 위해 자신의 일상생활을 체계적으로 관리하려고 노력하는 자세가 몸에 배어 있다.

이런 부분은 보완이 필요해요

이들은 뭔가 목표가 생기면 바로 계획을 세우고 행동을 시작한다. 그러다 보니 때로는 성급해지기도 한다. 예를 들어, 학교에서 선생님이 숙제를 내주면 이들은 숙제를 내고 검사받는 걸 목표로 삼고 바로 숙제를 시작한다. 그런데 시간을 들여서 꼼꼼하게 숙제를 하기보다는 일단 빨리 검사를 받겠다는 조급함이 앞서서 숙제를 다소 부실하게 하는 경우가 있다. 목표가 생기면 계획을 세우고 한 번 점검하는 과정을 생략하고 바로 실제 행동으로 추진하다 보니 이처럼 후회스러운 일이 생기게 되는 것이다.

이들은 목표에 따라 뭔가를 이루어 내는 데에서 보람과 뿌듯함을 특히 크게 느낀다. 그러다 보니 좋은 결과를 내야겠다는 욕심이 많고, 형제자매 사이에서도 경쟁심을 강하게 느낀다. 너무 경쟁적으로 대하다가 친구와 싸우는 일도 종종 있다. 자신이 원하는 만큼 좋은 결과가 나오지 않으면 크게 낙담하고 자책하기도 한다.

때로는 자신의 성취와 형제자매의 성취를 비교하면서 열등감을 느끼고 위축되기도 한다. 잘하고자 하는 욕심이 있어서 그만큼 성장하기도 하지만, 그 욕심이 과해지다 보면 형제자매와 부딪치거나 스스로 상심하고 위축되면서 스트레스를 많이 받을 수 있다.

이러한 자녀의 성격 특성을 고려해 꼭 생각해야 할 3가지는 다음과 같다.

첫째, 목표를 세우는 것은 좋지만 너무 성급해지지 않도록 마음의 여유를 갖게 해 주는 것이 필요하다. 목표를 향해 돌진하기 전에 잠깐 멈춰서 자기 자신과 다른 사람들의 상태를 살펴보도록 하자.

둘째, 자녀가 시합에서 지거나 원하는 만큼의 좋은 결과를 얻지 못해도 "괜찮아."라고 격려하고 칭찬해 주자.

셋째, 결과에만 집중하기보다는 과정에도 집중하면서 목표를 향해 나아가는 과정 그 자체에서 즐거움과 보람을 느끼도록 도와주자.

ESTJ 자녀를 둔 당신을 위한 양육법

🪑 자녀가 유아일 때 기억해야 할 것

칭찬 스티커를 준다

이들은 자신이 어떤 일을 했는지를 직접 확인하고 그것에 대한 칭찬 스티커들을 모은다. 그 스티커가 다 모이면 받게 될 선물보다 스티커가 많이 붙여진 그 자체로 만족해한다. 그러니 한 번 붙인 스티커를 다시 떼는 행동은 하지 말자. 의미 없이 주는 선심성 스티커도 자녀의 동기에 힘을 잃게 할 수 있다. 자신이 약속하여 목표를 달성한 후에 받게 되는 스티커만이 자녀에게 큰 동력이 되어 줄 것이다.

자녀는 부모의 발자국을 따라 자란다

밥을 먹고 배가 불러 옆을 보니 나랑 똑같은 자세로 앉아 배를 만지고 있는 자녀를 보면 놀랍기도 하고 신기하기도 하다. 자녀는 그렇게 부모의 모습을 따라 하며, 부모가 걷는 발자국을 따라 한 걸음씩 자라고 있다. 관찰의 힘이 뛰어난 자녀에게는 부모의 모든 행동 하나하나가 관찰의 대상이고 모방의 대상이 될 수 있다. 늘 자신을 지켜보며 자라고 있는 자녀에게 모범이 될 수 있도록 날마다 마음을 다지고 행동을 조심하며 살아야 한다.

자녀의 생각을 존중한다

이들은 대충 넘어가는 법이 없고 어렸을 때부터 꼼꼼하고 자기 것을 정확히 챙긴다. 자기 기준이 명확하게 있는 자녀이므로 어리다고 할지라도 부모의 존중은 더없이 필요하다. 자신이 존중받고 있다고 여겨지면 자신의 힘을 믿고 더 열심히, 더 최선을 다해 어떤 일에 도전하거나 시도를 해 본다. 자녀가 선택할 기회를 주고 자녀의 행동에 대해 이유를 확인할 필요가 있다.

이해하지만 움직이는 데 시간이 걸린다

자녀는 자신이 생각하거나 부모가 권하는 새로운 것들에 대해 즉각적으로 움직이거나 어떤 행동을 취하는 것이 아니라 그것에 대해 충분히 생각하고 고려한 후에 움직인다. 그래서 때로는 느리다고 여겨질 수도 있다. 오래 생각하기 때문에 시작이 느릴 수는 있지만 그렇게 신중하게 시작하면 진행 과정에서 실수가 적어서 오히려 전체 속도는 빠를 수 있다. 말이 느리다 싶었는데 한 번 말을 시작하면 청산유수처럼 말을 하거나, 첫걸음을 늦게 뗀 자녀가 걷기 시작하자마자 넘어지지도 않고 뛰는 경우가 이와 같을 것이다.

🪑 자녀가 초등학생일 때 기억해야 할 것

예측 가능한 상황을 알려 준다

자녀는 자신이 무슨 일을 할 것이고, 무슨 공부를 할 것인지에 대해 미리 알고 싶어 한다. 모든 일정을 자기가 계획하고 선택하여 진행할 수는 없지만, 본인의 시간을 계획하는 것 자체만으로도 만족감과 책임감을 느끼기 때문이다. 해야 할 주제나 목록들을 자녀에게 주고 스스로 자신의 시간을 계획해 보게 한다거나 진행한 부분에 대한 긍정적 피드백을 제공함으로써 자녀가 자신의 시간을 직접 관리할 동기와 기회를 제공해 주자.

명확하고 정확하게 전달한다

이들에게는 "네가 뭐가 필요한지 생각해 봐."보다는 "사회 공부가 부족한데 관련 책을 읽어 보는 건 어때?"라는 구체적인 제안이 훨씬 직접적이고 효과적이다. 스스로 무엇이 중요한지 그리고 그에 대해 어떤 대안들이 있는지 생각하는 시간을 비합리적이라고 여기기 때문에 직접적인 과제와 전달에 더욱 집중해서 더 큰 효과를 얻을 수 있다. 새로운 것을 가르쳐 주어야 할 때도 동일하다. 이것이 왜 중요한지, 어떻게 운용할지 스스로 생각해 보거나 찾아보라고 하기보다는 부모가 해결 방법을 제시하고 설명해 준 다음 그것에 대해 결과물을 만들어 내도록 제안하는 것이 좋다.

자녀에게 도움이 되는 실제적 정보를 전달한다

"○○가 공부를 하면 엄마가 너무 행복할 것 같아.", "네가 공부하는 모습을 보면 아빠는 너무 기뻐."라는 말은 자녀에게 그저 부모가 기쁘고 행복할 때를 말하는 것으로만 전달된다. '내가 공부를 열심히 하여 부모님을 기쁘게 해드려야지.' 하는 동기부여가 된다기보다는 그저 부모가 기쁜 이유일 뿐이고 자신과 상관이 없다. 그 때문에 이들에게 학습에 대한 동기부여를 하기 위해서는 공부가 자녀의 삶과 미래에 어떤 영향을 미치는지, 어떤 과정과 노력이 필요한지와 같은 실제적 정보를 전달하는 것이 훨씬 효과적이다.

눈에 보이는 샘플이 필요하다

새로운 것을 설명하고 가르치기 위해서는 구체적으로 눈에 보이거나 그 상황을 그려 낼 수 있는 실제 사례가 필요하다. 부모의 직접적 시범도 좋고, 책이나 영상 자료를 통한 정보의 제공도 좋다. 이들에게 알지 못하는 것을 머릿속으로 상상하라는 일은 복잡한 수학 계산을

암산으로만 풀어내라고 하는 것과 같다. 미래 도시를 상상하라는 그림 주제와, 복잡한 도안을 주고 이것을 변형시켜 효과적인 아이디어를 만들어 내라는 과제를 준다면 자녀는 서슴없이 후자의 복잡한 도안을 선택할 것이다.

ESTJ
자녀의 속마음

엄마, 아빠가 시키지 않아도 알아서 시험공부 계획을 짜고 공부하는 저를 보면 늘 신기하시죠? 저도 이게 무척 편해요. 계획하고 실천을 해야 직성이 풀리거든요.

제가 맡은 걸 끝까지 하는 게 오히려 당연한 것 아닌가요? 엄마, 아빠가 감탄하실 때마다 솔직히 전 좀 민망하기도 해요. 그냥 해야 할 걸 했을 뿐이니까요.

맡은 걸 끝까지 하는 건 당연한 거니까 굳이 칭찬은 안 해 주셔도 괜찮아요. 대신 저한테 "괜찮아."라는 말은 좀 더 자주 해 주셨으면 좋겠어요. 전 목표대로 안 되면 못 견디게 답답할 때가 많거든요.

저는 욕심도 많아요. 다른 친구들보다 좋은 결과를 내고 싶고, 더 잘하고 싶거든요. 그러다 보니 자꾸 앞만 보고 달려가려고 해요. 다른 친구한테 지면 안 그런 척해도 사실 많이 속상해요.

그런데 엄마, 아빠가 "괜찮아."라고 자주 말해 주시면 전 그만큼 마음의 여유를 찾을 수 있을 것 같아요. 앞만 보지 않고 옆도 같이 보면서 여유로워질 수 있게 저 좀 도와주시겠어요?

마음먹은 건 바로 행동으로 옮기는 것 아시잖아요. 여유를 갖는 법도 조금만 알려 주시면 전 금방 실천할 수 있을 거예요. 믿어 주세요.

부모-가족이 최우선인 자녀바라기
자녀-명랑하고 협조적인 분위기 메이커

에너지 흐름	☑ 외향적	☐ 내향적
정보 수집	☑ 경험 중심	☐ 가치 중심
중요한 결정	☐ 논리적	☑ 관계적
생활 양식	☑ 계획적	☐ 융통성
마음의 이정표	☐ 생산성	☐ 의미
	☑ 인간미	☐ 진리
태도의 기준	☐ 진지한	☐ 행동화
	☐ 관망	☑ 추진력
타고난 기질	☑ 보호자	☐ 이상가
	☐ 장인	☐ 합리적
적응 방식	☐ 현상 유지	☑ 행동 먼저
	☐ 생각 많음	☐ 변화 추구

가족이 최우선인
자녀바라기

    자녀가 가족과 다른 사람들과 다 같이 조화롭게 어울려 살아갈 수 있도록 지지해 주는 부모이다. 구체적이고 실질적인 행동을 통해 자녀에게 사랑과 관심을 전하는 데에서 큰 행복을 느낀다. 자녀를 위해 집을 편안하고 안락한 안식처로 만들어 주고자 아낌없이 헌신한다.

    이들은 자녀가 신체적, 감정적으로 필요로 하는 바를 채워 주는 데 매우 헌신적이다. 자녀가 졸려 하거나 배고파하면 편안하게 잘 곳이나 먹을 것을 준비해 주면서 신체적으로 보살펴 주고, 자녀의 감정을 민감하게 살피고, 속상해하는 자녀를 따뜻하게 위로해 준다. 자녀에게 "사랑한다."는 말도 "잘 자.", "안녕." 같은 일상적인 인사를 하듯이 자연스럽게 해 주면서 사랑을 표현해 준다. 자녀는 이러한 부모의 촘촘하고 섬세한 보살핌 속에서 신체적, 감정적으로 안정감과 포근함을 느낄 수 있다.

이들은 자녀를 위해 무엇인가를 할 때 행복함과 뿌듯함을 가장 크게 느낀다. 특히 자녀에 관한 사랑과 관심을 구체적이고도 실질적인 행동을 통해 표현한다. 자녀가 집에서 편안하게 쉴 수 있도록 집을 쾌적하게 만들어 놓고, 자녀가 좋아하는 영화나 예능 프로그램 파일을 다운 받아 함께 보기도 한다. 다양한 상황에 따라 어떻게 말하고 행동하면 좋을지 구체적인 요령을 알려 주기도 한다.

이들은 가족이 서로 사랑하면서 친밀하게 지내는 것을 중요시한다. 그래서 외식이나 나들이 등을 함께하면서 가족이 자주 어울리고 함께 즐거운 시간을 보내도록 신경을 많이 쓴다. 동시에 특유의 사교성을 발휘해서 자녀가 가족 이외의 다른 사람들과 어울릴 기회도 다양하게 마련해 준다. 이처럼 자녀가 가족과 함께 행복하면서도, 동시에 집 밖의 더 넓은 세상으로 자연스럽게 나아갈 수 있도록 도와주려고 노력한다.

 ## 이런 부분은 고려해야 해요

이들은 자녀를 신체적, 감정적으로 세심하게 보살피는 데 뛰어나다. 하지만 때로는 세심함이 과해져 스트레스를 크게 받을 수 있다. 모든 것이 제때 정확하게 이루어지게끔 신경 쓰면서 너무 완벽해지려고 하기 때문이다. 집 안 정리, 계획과 관련해서 자녀가 자신이 추구하는

'최선'에서 벗어나는 방식으로 행동하면 자녀의 성향을 있는 그대로 받아들이지 못하고 간섭하게 되는 경우도 종종 있다.

이들은 '서로 사랑하고 조화로운 가족'을 추구한다. 그래서 모든 가족이 집에서 편안하고 즐거운 시간을 보낼 수 있도록 여러모로 세심하게 신경을 쓴다. 자신의 이상이 현실로 이루어지게 만들고자 열심히 노력하는 것이다. 하지만 자녀가 자라면 가족 대신 친구들과 더 많은 시간을 보내고 싶어 한다. 이는 자연스러운 현상이다. 하지만 이들은 자녀의 독립적인 태도가 '이상적인 가족'의 모습에서 어긋난다고 느끼면서 상처를 크게 받거나 화를 내기 쉽다. 자녀의 성장에 따라 달라진 현실과 자신의 이상 사이의 괴리를 받아들이기 어려워할 수 있다.

이 유형의 성격적 아킬레스건을 보호하기 위한 3가지 포인트는 다음과 같다.

첫째, 가족을 위해서 자신이 무엇인가 해야 한다는 기준을 보다 현실적인 수준으로 조정할 필요가 있다. 우선순위를 정하는 연습을 하는 것도 도움이 될 수 있다.

둘째, 자신과 마찬가지로 자녀도 나름대로 원하는 방식이 있다는 걸 존중해 주자. 자녀가 원하는 바가 자신의 '최선'과 다르다 할지라도 이를 수용하는 연습이 필요하다.

셋째, '사랑하는 가족'이라 하더라도 갈등이 존재할 수 있음을 기억하자. 진정으로 사랑하는 가족이란 전혀 갈등이 없는 가족이 아니라 갈등을 겪다가도 서로 다시 화해하고 극복해 나가는 가족임을 기억하자.

ESFJ 부모를 위한 양육법

🪜 자녀가 유아일 때 생각해야 할 것

잘한 일에 대해 스스로 칭찬해 준다

하루하루가 똑같은 날이기에 그저 내가 하는 일들이 매일의 시간 속에 묻혀 의미 없게 느껴지곤 한다. 자신이 하는 일이 그리 위대한 것은 아니지만 정말 중요한 일인지에 대해 가끔 의심이 들 때가 있다. 그럴 때는 자신이 하는 중요한 일을 찾아 자녀에게, 배우자에게 칭찬을 요청하자. "오늘 엄마가 해 준 이유식이 진짜 맛있었구나? 그래서 오늘 이렇게 맛있게 다 먹는 거지?", "여보~, ○○이 보면 내가 그래도 괜찮은 엄마 같지?" 애써 상대방에게 대답을 요구할 필요는 없다. 실제로 충분히 잘하는 자신에게, 스스로 발견한 순간을 공유하는 것이다.

가족은 서로 함께 돕는 관계이다

아내가 양육을 맡고 있으면 남편이 경제적 부분을 맡은 것이고, 아내가 사회생활을 하며 활동하고 있다면 남편이 가정생활을 안정되게 유지하고 있기 때문이다. 누구 하나만 열심히 하고 다른 누구는 열심히 하는 사람 곁에서 덤으로 사는 것이 아니다. 집안일과 양육은 눈에 드러나지 않기 때문에 확인하기도 어렵고 결과를 보이기도 어려운 일이다. 묵묵히 집을 지키고 있는 배우자에게, 집 밖에서 활동하는 배우자에게, 그리고 별 탈 없이 잘 자라고 있는 자녀에게 서로 함께 돕고 있어 오늘이 무사하다는 고마움과 감사를 전달해 보자.

걱정 무게를 측정한다

자녀를 키우면서 걱정하는 많은 일 중에 하나는 부모가 해결해 줄 수 있는 부분이 많지 않다는 것이다. 자녀가 어리면 먹는 일, 자는 일, 움직이는 일 등 성장의 전 과정이 잘 이루어지고 있는지 매 순간 체크하고 걱정하게 된다. 그런데 이것이 걱정이 필요한 일인지, 아니면 조금 시간을 두고 지켜봐도 좋은 일인지에 관한 확인이 필요하다. 걱정하는 내용을 기록해 보자. 이 걱정은 나에게 얼마나 무겁고, 얼마나 도움이 되는가?

집 밖에서도 당신을 드러내고 인정받자

이들은 배려를 잘해서 가족들에게 따뜻한 분위기를 만들어 주고 편안한 가정 환경을 제공한다. 그 때문에 자녀는 정서적으로 안정되고 가정에서는 늘 따뜻한 기운이 넘친다. 조화로운 관계를 만들어 나가는 덕분에 이들은 가족뿐만 아니라 다른 관계에서도 자신의 강점을 칭찬받고 확인받을 수 있다. 자녀가 어린이집에 가 있는 동안 산책 모임에 참여를 한다거나, 이웃들과 함께 이야기하는 시간을 갖는 것도 좋다. 집 안에서뿐만 아니라 집 밖의 공간에서 자신을 드러내고 인정받을 수 있는 짧은 시간이 이들에게는 오래도록 버틸 수 있는 에너지가 되어 줄 것이다.

🪑 자녀가 초등학생일 때 생각해야 할 것

자녀를 따뜻하게 반겨 준다

집 밖에서 지내다가 돌아오는 자녀에게 가장 좋은 것은 자신을 맞아 주는 부모의 환한 미소이다. 그렇게 집은 부모와 하나가 되어 자녀가 밖에서 피곤하고 힘들 때도 버틸 수 있는 힘이 되어 준다. 힘든 학교생활 속에서도 자기를 기다려 주고 반겨 주는 사람이 있다는 것은 어린 자녀에게 커다란 힘이 되고 의미가 있다.

조화로움을 위한 가이드가 필요하다

행복을 강조하다 보면 옳고 그름에 관한 기준이 모호해질 수 있다. 자녀가 서로 다툴 때 누구 편을 들거나 어떻게 갈등을 해결해야 할까? 옳지 않은 일을 했을 때 얼마만큼 화를 내고 혼을 내야 할까? 이렇게 조화로움이나 가족들의 관계를 중시하다 보면 부딪치게 되는 어려움이 있다. 행복은 가족 구성원이 각자의 자리에서 자신의 역할을 충실히 이루어 냈을 때 이루어질 수 있는 부분임을 기억하자. 평화를 위한 최소한의 안전한 울타리는 필요하다.

할 수 있는 일과 할 수 없는 일의 영역을 확인한다

부모는 신이 아니고 한정된 시간과 한정된 능력을 갖고 있다. 그래서 모든 것에서 완벽할 수 없고 그것이 당연하다는 것을 알아야 한다. 자신이 할 수 있는 일의 범주와 할 수 없는 일의 영역을 확인해 볼 필요가 있다. 자녀에게 더해 주고 싶은 욕심은 있으나 현실적 상황 때문에 그것을 다 채워 주지 못해 힘들고 고통스럽다면 그건 누구를 위해서도 좋은 일이 아니다.

자신에게 집중할 수 있는 선물을 준다

자녀가 학교에 가고 여유 시간이 생기면 자신에게 집중할 수 있는 시간을 선물하자. 자녀를 낳고 입학 전까지 자녀 양육을 위해 최선을 다했던 그 시간에 대한 선물로 자신이 하고 싶은 일을 생각하고 행동해 보자. 운동도 좋고, 무엇을 배워도 좋고, 봉사 활동을 해도 좋다. 자기 자신을 위한 시간은 따뜻한 이들 본연의 모습을 회복하기 위해서 필수조건이다.

ESFJ 자녀의 재발견

명랑하고 협조적인
분위기 메이커

명랑하고 쾌활하며, 언제 어디서든 분위기를 즐겁게 이끌어 나가는 데 소질이 있다. 주변 사람들을 잘 도와주고 협조적이며, 분위기에 맞게 반응을 해 주면서 주변을 편안하게 만들어 준다. 자신이 맡은 일에 대해 책임감이 강하고, 일을 체계적으로 깔끔하게 해낼 수 있다.

이들은 열정적이고 생동감이 있다. 잘 웃고 감정이 풍부한 데다가 재치도 갖추고 있어서 주변에 있는 사람들의 기분도 유쾌하게 만들어 준다. 순간의 즐거움을 찾아내는 법을 알고 있어서 분위기를 즐겁게 이끌어 가는 데 소질이 있다. 다른 사람들 앞에 나서는 것도 즐기고 상황을 체계적으로 조직하는 감각도 함께 갖고 있어서 장기자랑 등 단체 활동이 있을 때 진행자 역할을 맡으면 물 만난 고기처럼 자신의 재능을 십분 발휘한다.

이들은 주변 상황이나 사람들의 기분을 민감하게 잘 파악하는 편이다. 그렇기 때문에 사람들이 매 순간 필요로 하는 바를 금세 알아차리고 친절하게 잘 도와준다. 주변 사람들에게 협조적인 면이 있는 데다가 즐거운 분위기를 좋아하기 때문에 사람들에게 적절하게 반응하는 데 능숙하다. 이들이 나서서 분위기를 이끌고 주도하는 상황이 아니더라도 자연스러운 리액션 덕분에 분위기를 즐겁게 살리는 데 한몫을 톡톡히 해내곤 한다.

이들은 책임감이 강해서 자신이 맡은 바는 뭐든지 열심히 한다. 즐거운 것, 신나는 것을 좋아하기 때문에 놀 때는 열심히 놀지만 공부할 때에도 놀 때 못지않게 열심히 공부한다. 매사에 잘하고자 하는 욕구가 강해서 자신이 맡은 바를 잘해 내기 위해서 열심히 노력하는 면도 두드러진다. 이들에게는 무엇이든지 믿고 맡길 수가 있다. 정리 정돈이나 시간 관리도 체계적으로 잘하며 자신에게 주어진 일을 조직적으로 깔끔하게 해낸다. 강한 책임감에다가 특유의 깔끔함까지 더해져 사람들에게 믿음직스럽다는 이야기를 자주 듣는다.

이런 부분은 보완이 필요해요

이들은 매사에 잘하고 싶은 마음이 크고 책임감도 강하다 보니 자신이 맡은 일을 잘해 낼 수 있을지에 대해서 지나치게 미리 걱정한다. 예를 들어, 시험 기간을 앞두고 있다면 이미 계획을 세워서 공부를 열심히 해 나가고 있는데도 불구하고 부모나 친한 친구에게 자신이 잘할 수 있을지에 대해서 계속 확인하고 걱정하는 모습을 보인다. 지나치게 걱정하다가 때로는 스트레스성 두통이나 복통을 호소하기도 한다.

이들은 자신이 실제로 해낼 수 있는 것보다 무리한 수준이나 무리한 양의 일을 떠맡고 고생하기도 한다. "잘한다."는 이야기를 듣고 싶은 마음이 크다 보니 실제 자신의 능력보다도 더 무리하게 뭔가 해내고 인정받으려고 하는 면이 있다. 현실과는 동떨어진 완벽함을 추구하기도 한다.

이러한 자녀의 성격 특성을 고려해 꼭 생각해야 할 3가지는 다음과 같다.

첫째, "잘할 수 있으니까 걱정하지 마. 설혹 못한다 하더라도 다른 기회가 있으니까 괜찮아."라는 말을 해 주면서 자녀를 안심시키고 마음의 여유를 주자.

둘째, 자녀가 실제로 해낼 수 있는 수준을 정확하게 파악하고 받아들일 수 있도록 도와주어야 한다. 잘한다는 것의 기준을 다양하게 갖도록 도와주는 것도 좋다.

셋째, 자녀가 비현실적인 기준을 가지고 있는 것은 아닌지 함께 살펴보고, 현실과 이상의 괴리를 받아들이도록 도와줄 필요가 있다.

ESFJ 자녀를 둔 당신을 위한 양육법

🪑 자녀가 유아일 때 기억해야 할 것

많이 안아 주고 많이 사랑해 준다

부모의 사랑을 직접 충분히 느낄 수 있는 시간과 경험이 중요하다. "사랑해!"라고 백번 말하는 것보다 '1분 꼭 안아 주는 것'이 훨씬 오래 기억에 남는다. 정말 사랑받고 있다는 것을 온몸으로 느껴야 전달이 된다. 자녀는 부모와 손을 잡고 걷고, 부모가 예쁘다고 쓰다듬는 손길을 기억한다. 눈으로, 몸으로, 손끝으로 사랑을 느낄 수 있게 표현해 주자.

정리된 환경을 좋아한다

자기 물건을 스스로 정리하기는 어렵지만, 자녀는 정리된 환경을 좋아한다. 깔끔하게 정돈된 환경은 자녀에게 안정감을 준다. 자녀를 위해서라도 장난감은 늘 같은 자리에, 주변은 깔끔하게 정돈하며 양육할 필요가 있다.

잘하는 일을 구체적으로 칭찬해 준다

자녀의 강점을 구체적으로 칭찬해 주자. '내가 정말 괜찮은 사람이구나.', '내가 진짜 멋진 사람이구나.' 하며 자신에게 긍정적 기운을 스스로 불어넣어 줄 것이다. 그 결과 자녀는 새로운 시도를 두려움 없이 할 수 있게 된다. 반복적으로 좋은 면을 확인받는 경험을 제공해 주자.

직접 체험하고 감각을 통해 습득하게 한다

상상하며 놀기보다는 직접 만져 보며 노는 방식이 좋다. 인형을 모아 놓고 이야기를 지어 내며 역할 놀이를 하기보다는 인형 옷을 그리거나 클레이로 인형한테 요리를 만들어 주는 것이 더 좋다. 곤충 책보다 박물관에서 곤충을 보거나 실제 동물들을 체험하는 것이 더 좋다. 이렇게 직접 체험하고 감각을 통해 습득한 사실들이 자녀에게 훨씬 더 정확하고 빨리 전달된다.

🪑 자녀가 초등학생일 때 기억해야 할 것

친구가 중요하다

이들은 주변 관계에 민감하다. 친구 관계에 학교 성적보다 더 많은 관심과 에너지를 쓴다. 친구 관계가 좋으면 학교생활이 즐거워져서 성적과 생활의 만족도가 높아진다. 그런데 친구나 선생님과의 관계가 어렵다면 학교 적응에 적신호가 켜진다. 자녀의 친구 관계, 선생님과의 소통을 확인하며 자녀의 관계에 대한 감정을 살펴 줄 필요가 있다.

이유를 바로 물어보지 않는다

논리적으로 생각을 정리해서 말하는 일은 생각보다 쉽지 않다. 선생님이 단순히 자녀의 의견을 물어보신 경우에도 자녀는 '조리 있게 대답하지 못하여 선생님께서 실망하시면 어떻게 되나?', '친구들이 자신을 어떻게 평가할까?' 하는 고민을 질문의 답보다 더 많이 생각할 수 있다.

해야 하는 일에 관해 정확한 목표 설정을 한다

목표의 이유가 부모를 기쁘게 하기 위해서도 좋고, 자신이 좋은 사람이 되기 위해서도 좋다. 어떤 이유가 되었든 정확한 목표를 설정하여야 자녀는 계획을 세우고 그 계획에 맞추어 자신의 시간과 일을 정리할 수 있다. 그것을 해야 하는 정확한 이유를 설명해 주는 것도 필요하다. 그래야 자녀가 자기 나름의 순서를 정하여 진행할 수 있기 때문이다.

자녀의 문화를 이해한다

친구들 사이에서 유행하는 캐릭터와 문구용품들, 친구들이 부르는 노래와 좋아하는 연예인들을 함께 공유하지 않으면 자녀는 친구들 사이에서 외딴 섬이 될 수 있다. 그게 뭐가 중요할까 싶기도 한 아주 사소한 것이지만, 자녀의 세상에서는 '인싸(친구들의 중심)'가 될 수도 '아싸(친구들 사이의 아웃사이더)'가 될 수도 있는 문제이다.

ESFJ
자녀의 속마음

저는 사람들하고 같이 지내는 게 정말 재밌어요. 사람들도 저랑 같이 있으면 다들 재밌다고 하고요. 엄마, 아빠도 저랑 같이 있는 거 재밌으시죠? 다 알아요.

놀 때는 잘 놀고, 공부할 때는 엄청 열심히 공부하고, 뭐든지 열심히 노력하니까 제가 많이 믿음직스러우실 거예요.

하지만 저는 뭐든지 알아서 잘하는 것 같으면서도 속으로는 걱정을 많이 해요. 칭찬받고 싶은 마음이 큰 만큼 잘하고 싶은 마음이 크고 부담감도 커요.

그러니까 제가 엄마, 아빠한테 저 잘하고 있는 건지 물어보면 저를 안심시켜 주세요. 어떤 말이건 엄마, 아빠의 진심이 담긴 말은 저를 안심시켜 주니까요.

늘 명랑하고 믿음직스러운 저도, 걱정하고 불안해하는 저도 모두 다 저예요. 저의 여러 가지 모습을 있는 그대로 알아주시고 안아 주세요.

그러면 저는 용기를 얻고, 뭘 잘하건 못하건 상관없이 다시 제 쾌활함을 되찾을 수 있을 거예요.

ENFP

부모-자녀와 친구 같은 자유로운 영혼
자녀-순수와 천진난만의 결정체

에너지 흐름	☑ 외향적	☐ 내향적
정보 수집	☐ 경험 중심	☑ 가치 중심
중요한 결정	☐ 논리적	☑ 관계적
생활 양식	☐ 계획적	☑ 융통성
마음의 이정표	☐ 생산성	☑ 의미
	☐ 인간미	☐ 진리
태도의 기준	☐ 진지한	☑ 행동화
	☐ 관망	☐ 추진력
타고난 기질	☐ 보호자	☑ 이상가
	☐ 장인	☐ 합리적
적응 방식	☐ 현상 유지	☐ 행동 먼저
	☐ 생각 많음	☑ 변화 추구

ENFP 부모의 재발견

자녀와 친구 같은
자유로운 영혼

자녀의 독특한 가능성과 잠재력을 빠르게 포착하고, 이를 계속해서 키워 나갈 수 있도록 격려해 주는 부모이다. 규칙과 틀에 얽매이지 않으며 자유롭고 융통성이 있다. 호기심과 상상력을 마음껏 발휘하며 자녀와 같은 눈높이에서 즐거운 시간을 보낼 수 있다.

이들은 아이디어가 기발하고, 아이디어로 주변 환경을 새롭게 변화시키는 데 관심이 많다. 그렇다 보니 호기심과 상상력이라는 코드가 자녀와 잘 맞아 떨어지고, 자녀와 같은 눈높이에서 즐겁게 상상력을 발휘하면서 자녀와 잘 놀아 준다. 자녀가 좋아하는 만화 영화를 함께 보면서 몰입하고, 밖으로 산책을 나갔다가 자녀와 함께 술래잡기도 하는 등 자녀와 자연스럽게 어우러지는 법을 안다. 자녀가 느끼는 여러 가지 감정과 생각을 섬세하게 알아차리고 공감하기에 자녀는 자신의 관심사와 감정이 부모와 공유된다고 느끼고 편안해한다.

이들은 일상적인 규칙이나 일정을 그리 중요하게 여기지 않고 얽매이지도 않는다. 그래서 자녀에게 "이거 해.", "저거 해."라고 말하는 대신 마음대로 할 수 있는 자유시간을 많이 주고, 그 시간을 함께 즐겁게 보내려고 한다.

흔히 발생하는 돌발 상황에 대해서도 크게 당황하지 않고 유연하게 대처한다. 예를 들어, 어린이집 버스 도착 시간이 다 됐는데 자녀가 옷에 우유를 엎지른 상황이 발생했다면 이들은 당황하거나 짜증스러워하지 않고, 새 옷을 갈아입히고 등원 버스 대신 다른 방법을 찾아서 자녀를 등원시킨다.

이들은 자녀의 가능성과 잠재력을 빠르게 파악하는 센스가 있다. 자녀의 눈높이에 맞춰서 여러 가지 놀이와 다양한 재미를 찾고 함께 즐긴다. 자녀가 많은 것을 경험하도록 하면서 자신의 가능성과 흥미를 더욱 키워 나가도록 돕는 능력이 탁월하다.

 ## 이런 부분은 고려해야 해요

이들은 자녀의 마음을 민감하게 알아차리고 공감하는 데 뛰어나다. 다만 자녀가 심적으로 힘들어할 때 자녀의 고민을 자신의 것처럼 지나치게 동일시한 나머지, 자녀의 감정에 휩쓸릴 수 있다. 예를 들어,

자녀가 친구와 싸우고 나서 속상해하면 이들은 마치 자기가 싸운 것 마냥 속상해하고 한 술 더 떠서 그 친구를 미워하기도 한다. 자녀가 괜찮다고 할 때까지 자녀의 마음이 어떤지, 친구와 어떻게 되었는지 재차 확인하려고 하면서 자녀가 오히려 부모를 위로하거나 안심시켜야 할 수도 있다. 자녀의 감정, 원하는 것, 상황 등 너무 여러 가지를 한꺼번에 고려하려고 해서 객관적이고 일관성 있는 양육 입장을 취하는데 어려움을 겪는다.

이들은 고정된 틀에 얽매이지 않고 눈에 보이지 않는 것에 대해 마음으로 상상하기를 좋아한다. 그러나 시간 맞춰 자녀를 등원시키거나 잘 시간에 재우는 등 일상적인 보살핌을 규칙적으로 실천하는 데는 소홀한 편이다. 꼼꼼하고 세세하게 챙겨야 하는 준비물 등에서도 자꾸 실수를 하기 쉽다. 변화와 다양성을 좋아하다 보니 자녀와 정한 약속과 상황도 부모의 기분에 따라 즉흥적으로 바꾸기도 한다. 그 때문에 하던 일들이 마무리가 잘 안 될 때가 종종 있고, 자녀가 불규칙한 일상에 대해서 안정감을 느끼지 못하기도 한다.

이 유형의 성격적 아킬레스건을 보호하기 위한 3가지 포인트는 다음과 같다.

첫째, 자녀의 고민을 들어줄 때 '이게 누구의 문제인지', '실제로 얼마나 힘든 것인지' 스스로 질문해 보자. 자녀의 마음과 다소 거리를 두고, 당신의 지나친 감정 이입에 브레이크를 걸어 줄 필요가 있다.

둘째, 자녀에게 꼭 필요하고 안정감을 줄 수 있는 일상적인 집안일과 육아에 우선순위를 정하고 규칙적으로 챙겨 보자.

셋째, 일주일에 1번, 한 달에 1번이라도 틈을 내서 자신이 좋아하는 일을 하면서 호기심과 다양함에 관한 욕구를 충족시켜 주자. 스스로를 위해 다양성과 재미에 관한 욕구를 채워 주면 규칙적으로 반복되는 육아를 덜 지겨워할 수 있을 것이다.

ENFP 부모를 위한 양육법

🪑 자녀가 유아일 때 생각해야 할 것

자녀와 노는 것이 정말 즐겁다

자녀보다 부모가 더 재미있게 놀 수 있다. 에너지가 많고 아이디어까지 많은 이 성격 유형의 부모를 둔 자녀는 세상이 재미없을 수가 없다. 자녀를 위해 놀아 주는 것이 아니라 정말 즐거워하며 자녀랑 함께 논다. 놀아 주는 것과 함께 즐겨 노는 것은 다르다. 그래서 자녀는 더 행복하고 더 즐거워한다. 삶을 놀이로 바꿀 수 있는 부모의 능력에 자녀는 날마다 행복하다.

자녀의 속도에 맞춘다

자녀가 어느 부분에 재능이 있는지, 어떤 부분에 관심이 있는지를 잘 알아봐 주는 능력이 있다. 자녀의 작은 관심을 알아차리고 그 부분에 대해 더 발전할 기회를 제공하거나 자녀가 더 많은 흥미를 유발할 수 있도록 환경을 제공해 준다. 그러나 너무 많은 환경과 기회를 제공하면 오히려 자녀의 집중에 방해가 될 수도 있다. 자녀는 조용히 오래 탐구하고 관찰하고 싶어 하는데, 부모의 새로운 아이디어로 환경이 변하여 관심과 흥미가 옮겨지면 처음과 같은 흥미와 관심은 장담할 수 없다. 자녀를 위한 샘솟는 아이디어를 잠시 보관해 둘 필요가 있다.

'무엇이든 괜찮다.'가 정말 다 괜찮은 건 아니다

자녀에 대해 모든 것을 수용하고 공감해 주다 보니 자녀가 어지간한 실수를 해도 자녀를 꾸짖거나 나무라는 일이 적다. 어리니까 당연히 할 수 있는 실수라 여기지만 자녀의 반복된 실수에 대해 훈육이 없다면 자녀는 자신의 행동을 통제하는 기회를 얻지 못할 수도 있다. '무엇이든 괜찮다.'가 정말 다 괜찮은 건 아니다. 자녀가 어느 정도 자란 후에는 괜찮지 않은 것에 대해 정확한 기준을 제공하는 것도 사랑이다.

자녀보다 더 놀라지 않는다

놀다 보면 자녀가 다치는 경우가 있다. 달려가다 넘어져 무릎에 피가 날 때 자녀는 바로 울지 않고 부모를 쳐다보며 부모의 표정을 살핀다. 부모가 놀라서 자녀에게 다가가면 그 경험은 무서운 일이 된다. 그런데 부모가 의연하게 넘어진 자녀를 일으켜 주며 "아프지? 약 발라야겠네. 까진 건데 약 바르면 금방 나을 거야."라고 말해 준다면 그 경험은 다른 감정으로 전달된다. 자녀와 깊은 마음의 관계일수록 객관적이고 냉정한 마음, 평정심을 유지하는 것이 필요할 때가 있다. 부모가 의연해야 자녀가 안정감을 느낀다.

🪑 자녀가 초등학생일 때 생각해야 할 것

냉장고 문에 메모를 붙여 둔다

해야 할 일이 생각날 때마다 냉장고 문에 메모를 붙여 두자. 당장 해야 할 일과 기간이 남은 일을 색이 다른 종이에 적어 붙여도 좋다. 자녀와 함께 메모를 적고 진행된 메모는 떼면서 일의 우선순위를 정하는 연습을 하자. 메모를 통해 해야 할 일을 빠트리지 않을 수 있고, 일을 마무리하는 즐거움을 느낄 수 있다.

실제적 조언을 해 줄 사람의 도움을 받는다

자녀가 초등학교에 가면서 감정적으로 해결해야 할 일보다 논리적으로 생각하고 해결 방법을 모색해야 할 상황이 훨씬 더 많이 생긴다. 자녀의 감정을 함께 느껴 주는 부모도 자녀에게는 의미 있지만, 때로는 자녀가 어떻게 행동해야 하고 어떻게 문제를 해결해야 할지에 관한 방법을 제시해 주는 부모가 더 필요할 수 있다. 나 혼자 해결 방법이 잘 떠오르지 않는다면 객관적 상황을 파악하고 해결 방법을 함께 고민해 줄 배우자나 가족, 친구의 도움을 받는 방법도 생각해 보자.

목표를 같이 생각하고 현실적으로 도와준다

부모의 무한 긍정의 에너지는 자녀에게 더없이 좋은 지원이 된다. 다만 끝없는 응원과 지원, "할 수 있다."는 말 외에 구체적인 방향과 방법도 필요할 때가 있다. 자녀가 해야 할 일과 하고 싶은 일에 대해 부모의 현실적 관심과 접근이 함께 있어야 자녀는 부모의 응원으로 실제 목표를 향해 한 걸음씩 성장할 수 있다.

꼭 그래야 하는 건 아니다

새로운 시도와 방법에 대해 많은 아이디어를 가지고 있는 부모에게는 일반적인 생각과 기준들이 반드시 지켜야 할 기준이 아닐 수 있다. 자녀는 부모의 유연성과 개방성을 통해 새로운 생각과 도전을 시도할 수 있어서 자신에게 맞는 일과 하고 싶은 일을 찾기에 유리하다. 그림을 꼭 종이에 그리지 않아도 괜찮다며 넓은 배춧잎에 붓 펜으로 그림을 그리게 하고, 끝말잇기 말고 의미잇기라는 새로운 게임을 고안해 놀아도 재미있다.

232

순수와 천진난만의 결정체

부모가 시키지 않아도 스스로 해내는 대견한 자녀이다. 현실적·계산적으로 굴지 않으며, 순수하고 자유로운 모습이 두드러진다. 순수함과 자유로움에서 나오는 기발함도 매력적이다. 감수성이 풍부하고 정이 많으며, 마음을 연 사람에게는 매우 다정다감하다. 사소한 일에도 삐지고 짜증을 내지만, 이러한 짜증은 오래 가지 않는다. 그래서 자녀의 감정 기복이 그렇게 부담스럽고 힘들게 느껴지지는 않는다.

이들은 순수한 면을 여과 없이 보여 준다. 자신이 추구하는 이상과 의미를 중요시하고, 현실적인 이득을 계산하고 따지기보다는 자신에게 중요한 이상과 의미에 따라 뭔가 선택하거나 결정을 내리는 경향이 있다. 예를 들어, 이들은 공부 잘하는 친구, 운동 잘하는 친구 등 자신에게 도움이 될 것 같은 친구를 골라서 사귀는 대신, 또래 친구들이 기피하더라도 자신이 끌리고 마음 가는 친구에게 다가가서 조건 없이 친해진다. 어떤 틀에 얽매이지 않고 자유롭게 사물을 바라보는 시각이 두드러진다. 그렇기에 다른 사람이 흔히 생각하지 못하는 것을 생각해 내기도 하고, 남들이 무심히 넘어가는 것들을 잘 발견하는 등 기발하고 예리한 면을 드러낼 때가 종종 있다.

이들은 감수성이 풍부하고 정이 많다. 사람들과 잘 어울리는 편이지만 특히 자신과 생각이나 성향이 비슷한 친구에게는 마음을 깊이 주면서 단짝 친구로서 어울리기를 좋아한다. 자신이 마음을 연 친구에게는 특히 따뜻하고 친절하게 대하는데, 그 친구가 필요로 하는 것들을 챙겨 주고 돌봐 주고 양보하기를 즐긴다. 함께하는 시간을 소중히 여기고, 특히 자신이 마음을 연 단짝 친구에게 정을 많이 준다. 그러다 보니 한 번 친해진 친구와 반이 달라지거나 둘 중 한 명이 이사를 하게 되는 등 피치 못할 사정으로 헤어지게 되면 이로 인한 상실감과 슬픔이 오랫동안 이어진다.

이들은 감수성이 풍부한 대신 감정 기복이 큰 편이다. 그래서 기분이 좋을 때는 좋다가도 사소한 일에 속상해하거나 삐지고 짜증을 내기도 한다. 하지만 부모나 누군가가 자녀의 기분을 알아채고 달래 주면 화가 오래 이어지지 않고 금방 풀리는 경우가 많다. 주변 사람들에게 폐를 끼치지 않으려고 하는 마음도 있기 때문에 자신의 기분이 풀린 후에는 다른 사람들에게 짜증내고 투덜거린 것에 대해서 금방 반성하고 사과도 잘한다. 그래서 이들이 감정 기복을 보여도 부모나 주변 사람들은 '이러다가 금방 풀리겠지.'라고 생각하며 그리 부담스럽지 않게 대할 수 있다.

이런 부분은 보완이 필요해요

이들은 세세한 부분을 챙기는 데에는 서툴다. 어린이집이나 학교의 알림장을 빼먹기도 하고, 전날 밤에 기껏 준비물을 챙겨 놓으면서도 정작 다음 날 아침에 일어나서 학교에 갈 때에는 그걸 기억하지 못하고 빼먹고 갈 때도 많다. 자신에게 흥미 있는 내용이 아니면 글을 건성으로 읽을 때도 있고, 심지어 시험을 볼 때 아는 문제도 건성으로 읽고 틀리는 경우가 많다. 규칙이나 규율 같은 정해진 틀을 답답해하고 부담스러워하는 경우도 많기 때문에 지각도 자주 하는 편이고, 숙제 검사를 제일 꼴찌로 받는 경우도 종종 있다.

감정적으로 예민하고 기복이 큰 만큼 다른 사람의 사소한 말 한마디에도 상처를 쉽게 받는다. 예를 들어, 덜렁대는 자녀에게 부모가 "어이구, 왜 그랬어?"라고 한마디 할 경우, 가벼운 의도로 한 말이라도 자녀는 비난으로 받아들이고 상처를 입을 수 있다. 특히 비난하는 말에 대해서 영향을 크게 받고 위축된다. 자주 덜렁거리고 실수를 하는 것에 대해 알게 모르게 자녀 스스로 위축되어 있는 경우도 종종 있다.

이러한 자녀의 성격 특성을 고려해 꼭 생각해야 할 3가지는 다음과 같다.

첫째, 자녀에게 기본적으로는 자유롭고 허용적인 태도로 대해 주자. 타고나기를 규칙이나 섬세한 디테일에 약한 것이니 이를 지적하더라도 크게 달라지는 않고 오히려 위축되기만 할 수 있다. 규칙은 최소한으로 조율해서 정하자.

둘째, 자녀가 챙겨야 할 것들을 잘 챙겼는지 부모가 종종 확인하면서 도와주는 것이 필요하다.

셋째, 자녀에게 비난하는 어조의 말은 최대한 줄이고, 부모의 마음 상태와 원하는 것을 직접 표현하는 것이 의사소통할 때 효과적이다.

ENFP 자녀를 둔 당신을 위한 양육법

🪑 자녀가 유아일 때 기억해야 할 것

조용한 환경을 경험하게 해 준다

활발한 자녀를 활발하게만 키우는 게 능사가 아닐 수 있다. 자녀의 친구 중에는 조용한 친구도 있고, 학교생활이나 유치원 생활을 할 때에는 얌전히 시간을 보내야 하는 일정도 있다. 그 때문에 활발한 자녀라고 해서 무조건 활동적인 시간을 경험하게 하면 오히려 다른 분위기나 다른 성향의 친구와 어울릴 기회를 놓칠 수도 있다. 이런 자녀에게는 의도적으로라도 조용한 환경을 경험하도록 하는 것이 필요하다.

"꼭 소리로 말하지 않아도 괜찮아. 꼭 몸을 움직이지 않아도 재미있는 일들은 많이 있단다."

자녀의 상상에 생각을 더해 더 큰 상상을 할 수 있게 한다

생각이나 아이디어가 많은 자녀는 구름을 보며, 토끼나 나비가 아니라 거인이 사는 나라의 큰 냄비나 웃고 있는 곰의 얼굴처럼 예측할 수 없는 상상의 이야기들을 할 수 있다. 그때 부모가 "그래? 진짜? 어디?"라며 반응해 주는 것도 좋지만, 자녀의 상상에 "거인이 안에서 지금 무슨 요리를 하고 있어?", "곰이 어디가 간지러워 웃고 있을까?"처럼 부모의 생각을 더해 더 큰 상상을 할 수 있도록 길잡이 역할을 해 주면 좋다. 부모와 함께 상상 이야기를 하는 동안 자녀는 많은 상상을 표현하고 느낌을 전달하는 연습을 할 수 있다.

자녀가 궁금해하기 전에 사랑한다고 알려 준다

자녀 입장에서는 세상에 태어나니 눈앞에서 어떤 남자와 여자가 자기를 바라보며 행복한 웃음을 짓고, 배가 고파 우니 그 사람이 맛있는 밥을 주었다. 자녀는 엄마, 아빠가 왜 자기를 사랑하는지, 자기를 얼마나 사랑하는지 궁금하다. 그래서 "엄마, 나 얼마큼 좋아?", "아빠, 나 아빠 어디 닮았어?" 하고 묻는다. 자녀가 궁금해하기 전에, 자녀가 불안해하기 전에, 자녀가 고민하기 전에 '내가 너의 부모'임을 말로, 몸으로 자녀에게 알려 주는 것이 좋다. "좋아한다는 단어로 담을 수 없을 만큼 사랑해."

장난감 정리 시간을 정해 둔다

자녀에게 놀고 싶은 대로 놀라고 하자. 가지고 있는 모든 장난감이 거실 바닥에 쏟아져 나와 발 디딜 틈이 없어도 괜찮다고 하자. 하루에 딱 한 번 시계가 5를 향해 있으면, 그때 장난감 정리 노래를 부르며 놀던 장난감을 치우기로 하자. 정리하는 시간에 대한 약속이 있어서 자녀는 온종일 모든 장난감을 바닥에 꺼내 두어도 엄마 눈치를 볼 필요가 없다. 5시 알람 노래가 울리기 시작하면 자녀는 놀던 놀이를 멈추고 정리를 한다. 약속은 지킬 때 의미가 있다.

🪑 자녀가 초등학생일 때 기억해야 할 것

자녀 방식대로 해 보게 한다

이들은 새로운 생각이 퐁퐁 솟아나 그것들을 이야기하고 함께 실험도 해 보고 체험도 해 보고 싶다. 자녀는 "그래. 하고 싶은 대로 해 보렴."이라고 말해 주는 부모를 바랄 것이다. 부모는 전혀 이해할 수 없는 일을 해 보겠다고 도전하는 자녀에게 자녀가 듣고 싶은 대답을 무작정 해 줄 수는 없다. 안전도 고려해야 하고, 체험 이후 치워야 할 집도 생각해야 한다. 안전하다는 전제하에서 자녀의 호기심 5번에 1번쯤은 응답해 주자. 안전 외의 이유로는 절대로 화내지 말자.

아는 내용도 책 밖에서 경험하면 새로운 것이 된다

밖에 나가면 새롭게 알게 되는 것이 많아서 좋다. 새롭게 알게 되는 것 중에는 처음 보는 것도 있고, 처음 느껴 보는 촉감도 있고, 처음 듣는 소리도 있다. 책에 나오는 새로운 것은 내용이 아무리 새롭다고 해도 결국 똑같은 종이의 그림이다. 그런데 책에서 보던 탑을 실제로 본다면 자녀는 다르게 느낀다. 실제 크기에 놀라고, 거친 표면에 놀라고, 시간의 흐름에 쌓인 초록 이끼에 신기해한다. 이렇게 아는 내용도 책 밖에서 실제로 경험하면 자녀에게는 새로운 것이 된다.

공정함과 공평함에 대한 자녀의 기준이 있다

이들은 주변 사람들에 대해 관심이 많아서 사람을 어떻게 대하고, 어떤 일을 경험하고, 어떤 상황에서 어떤 평가를 받는지, 혹은 어떤 대우를 받는지에 관해 엄격한 기준을 가지고 있다. 그래서 자신이 세운 기준에 위배되는 일이라면 그 대상이 어른이건 선생님이건 상관없이 자신의 의견을 피력하기 위해 나선다. 이런 상황이 되면 자녀가 가지고 있는 기준의 이유를 꼭 들어 보자. 그러고 나서 어른의 이유와 기준을 설명해 주자. 그냥은 통하지 않는다.

내가 좋아한다고 모두가 좋아하는 건 아니다

이들은 친구들에게 인기가 많고, 늘 주변을 활기차게 만든다. 재미있는 이야기를 잘하고 큰 소리로 몸을 움직이며 이야기하는 것을 좋아한다. 그런데 모든 사람이 이런 큰 목소리와 큰 행동을 하는 친구를 좋아하는 건 아니다. 조용한 것을 좋아하는 선생님에게는 활발하고 아이디어 많은 자녀가 힘든 학생일 수 있다. 그러므로 자녀에게 모두가 자신과 같지 않을 수 있음을 알려 주는 게 필요하다. 자녀가 나쁘다는 것이 아니라 좋은 것을 표현하는 방법도, 좋아하는 종류도 다른 사람이 있다는 것을 알려 주자.

ENFP
자녀의 속마음

저는 뭐가 저한테 이득이 되고 아닌지 따지는 게 싫어요. 마음이 가는 대로 살아야지, 너무 따지기만 하는 건 정이 없잖아요?

엄마, 아빠는 제가 너무 물러 터진 것 같고, "얘는 이 험난한 세상 어떻게 살려고 이러나?" 하면서 걱정하시는 것도 알아요.

하지만 세상에 사람이 이렇게 많은데, 어딘가에는 저처럼 마음 가는 대로 살아가는 사람들도 있겠죠. 전 그런 영혼의 단짝을 만나면 서로 의지하며 잘 살 수 있을 거예요. 그러니 걱정 마세요.

그리고 준비물 좀 빼먹는 게 뭐 어때요. 시험 문제도 잘못 읽고 틀릴 수 있죠. 제 자유로운 영혼을 너무 구속하지는 말아 주세요.

무슨 대책이 있어서 이런 말을 하는 거냐고요? 아뇨, 뭐 어떻게든 되지 않을까요?

그래도 제가 이렇게 자유로운 영혼이니까 기발하고 톡톡 튀는 생각도 하는 거거든요. 그러니까 대책 없다고 너무 걱정하거나 잔소리하진 마세요.

제가 마음 가는 대로 산다고 해서 엄마, 아빠의 구박에 상처를 안 받는 건 아니에요. 오히려 속마음이 여려서 상처는 더 많이 받는답니다. 대책 없어 보여도 오히려 그게 제 매력이라는 것 꼭 알아주셨으면 해요.

ENTP

부모-도전을 격려해 주는 탐험가
자녀-독창성 넘치는 골목대장

에너지 흐름	☑ 외향적	☐ 내향적
정보 수집	☐ 경험 중심	☑ 가치 중심
중요한 결정	☑ 논리적	☐ 관계적
생활 양식	☐ 계획적	☑ 융통성
마음의 이정표	☐ 생산성	☐ 의미
	☐ 인간미	☑ 진리
태도의 기준	☐ 진지한	☑ 행동화
	☐ 관망	☐ 추진력
타고난 기질	☐ 보호자	☐ 이상가
	☐ 장인	☑ 합리적
적응 방식	☐ 현상 유지	☐ 행동 먼저
	☐ 생각 많음	☑ 변화 추구

ENTP 부모의 재발견

도전을 격려해 주는 탐험가

논리적인 대화를 통해 자녀가 자신의 힘으로 판단을 내리고 선택하는 힘을 키워 주는 부모이다. 자녀가 자신의 의지대로 행동하는 매 순간마다 자녀의 다양한 모습을 새롭고 즐겁게 받아들이면서 자녀를 지켜봐 준다. 자녀의 독립성을 적극적으로 지지해 주고 응원해 준다.

이들은 자신의 주관이 강한 만큼 자녀에게도 자기 자신에 대해서 확신을 가지고 독립적인 태도를 취할 수 있도록 격려한다. 자녀에게 이러한 삶의 자세를 말로 알려 주기도 하고, 자신이 사는 모습을 통해 직접 보여 주기도 한다.

이들은 자녀들과 함께 마트, 놀이터 등 일상에서 흔히 접하는 다양한 장소에 다니는 것을 좋아하고, 소소한 일상적인 활동을 마치 새로운 것을 탐험하듯이 자녀와 함께해 나가는 것을 즐긴다. 그래서 이들과 함께하는 자녀는 새로운 활동에 적극적으로 도전해 보는 즐거움을 느끼고, 부모로부터 든든한 격려와 지지도 받는다.

이들은 새로움을 추구하고, 다양한 활동에서 신선함과 재미를 찾아내는 눈을 갖고 있다. 그래서 어떤 상황에 놓이더라도 이를 새로운 관점으로 바라보면서 즐거워한다. 자녀의 다양한 모습에서도 즐거움과 새로움을 잘 발견하기에 자녀가 부모의 뜻대로 움직이지 않아도 자녀를 잘 기다려 주는 편이다.

이들은 특유의 객관적이고 논리적인 태도를 발휘해서 자녀의 독립을 도와주기도 한다. 자녀가 고민에 빠졌을 때 "이렇게 해 봐."라고 바로 제안하기보다는 여러 가지 대안과 가능성을 알려 주고, 자녀가 이를 참고하여 자신의 힘으로 뭔가 결정하고 선택하게끔 한다. 예를 들어, 자녀가 친하게 지내던 친구와 싸웠을 때 이들은 바로 자녀를 편들어 주고 공감해 주는 대신 자녀에게 그때의 상황에 대해 어떤 생각과 느낌이었는지를 차근차근 물어본다. 그러면서 관계에 대해 다양한 경우의 수를 같이 찾고, 자녀가 선택할 수 있도록 뒤로 물러나 준다.

 ## 이런 부분은 고려해야 해요

이들은 독립성과 자발성을 중요시하기 때문에 자녀가 친밀하게 스킨십을 하거나 정서적인 공감을 받고 싶어서 매달리는 것을 부담스러

위한다. 자녀의 욕구를 이해하기보다는 독립성과 자발성이 부족하다고 판단하기도 한다. 객관적·논리적인 판단과 토론에 능숙한 반면에 자신의 감정을 표현하거나 다른 사람을 정서적으로 위로하고 보살피는 데에는 상대적으로 서툴다. 그렇기 때문에 자녀를 섬세하게 정서적으로 보살피는 것은 이들에게 상당히 어려운 일이다.

이들은 에너지가 넘치고, 다양하고 새로운 것을 접하고자 하는 욕구가 강하다. 따라서 자녀와 오랫동안 집에서 같이 있어야 하는 상황에 놓이면 쉽게 답답해하고 지칠 수 있다. 또한 매일 반복되는 일상이나 집안일에 대해서는 금방 지루해하고 질려 하며 규칙적인 빨래와 청소, 식사 준비, 설거지와 같은 집안일을 특히 어렵게 느낀다. 예를 들어, 어린이집에 자녀의 낮잠이불을 챙겨서 보내야 하는데 빨래를 해놓지 않았다는 사실을 뒤늦게 발견하고는 새벽에 낮잠 이불을 급히 빨고 건조시킨다든가 하는 상황이 생길 수 있다.

이 유형의 성격적 아킬레스건을 보호하기 위한 3가지 포인트는 다음과 같다.

첫째, 자녀가 부모와 성향이 같지 않다는 것을 기억해야 한다. 덜 독립적이고 정서적 보살핌을 더 많이 필요로 하는 자녀의 입장에서는 부모에게 안아 달라고 매달리는 것이 자연스러운 일이다.

둘째, 감정 표현이 필요할 때에는 좀 더 자연스럽게 할 수 있도록 미리 의식적으로 연습해 본다.

셋째, 자녀가 잠자는 시간 등 자투리 시간을 활용하여 다양한 매체

와 콘텐츠 등을 찾아보면서 다양성과 재미, 새로움에 관한 자신의 욕
구를 채워 주는 것이 좋다. 그러면 단조로운 집안일을 처리하는 데 필
요한 마음의 에너지를 얻을 수 있다.

ENTP 부모를 위한 양육법

🪑 자녀가 유아일 때 생각해야 할 것

다른 사람의 육아 경험이 도움 된다

부모는 누구보다 내 자녀에 대해 제일 잘 알고 있다. 하지만 부모가
아무리 좋은 정보와 좋은 자료를 가지고 자녀를 잘 양육한다고 하더
라도 자녀가 원하는 대로 반응을 해 주지 않을 때도 있다. 이런저런 방
법으로 달래도 울음을 그치지 않던 자녀가 할머니 품에 가자 금세 울
음을 뚝 그치는 당황스러운 경험을 하기도 한다.

주변 사람이 갖고 있는 삶의 연륜이나 육아의 경험도 여느 지식 못
지않게 중요하다. 그들이 들려주는 양육에 관한 이야기와 정보들을 맹
신하면 안 되겠지만 다양한 육아 경험은 분명 도움이 된다.

처음 한 일은 무조건 칭찬해 준다

아무리 자녀라도 칭찬할 일과 그렇지 않은 일은 분명하다. 부보가 자
녀를 위해 무조건 칭찬해 주는 것은 마음에서 우러나와서라기보다 자

녀에게 뭔가를 하게 하기 위해 유도하는 양육의 한 방법이다. 그런데 놀랍게도 자녀는 부모가 마음에서 하는 칭찬인지 아니면 머리에서 하는 칭찬인지를 금방 알아챈다. 자녀가 태어나 세상에서 단 한 번도 해 보지 않은 일을 했다면 그건 결과에 상관없이 무조건 칭찬받아 마땅한 일이다. 자녀의 오늘은 마땅히 칭찬받을 만한 날이라는 점을 잊지 말자.

자녀의 표정을 살펴본다

부모의 양육 방식이 일반적이지 않을 수 있고, 부모가 꿈꾸는 현실이 사회의 기준과 맞지 않을 수도 있다. 아직 어린 자녀에게는 부모의 독특한 면이 양육에서 위험이 될 수도 있다. 부모가 추구하는 이상적 부분과 자녀가 실제 살아야 하는 현실과의 거리가 너무 멀다면 그 사이에서 자녀는 혼란스러울 수 있다. 자신이 제공하는 양육 방식에서 자녀도 편안하고 행복한지 자녀의 표정을 살펴보자.

숨소리로도 감정이 전해진다

말은 꼭 소리를 내어 입과 혀를 움직여 전달되는 것이 아니다. 표정과 눈빛 그리고 숨소리로도 얼마든지 부모의 감정이 전해질 수 있다. 부모가 자기도 모르게 내쉬는 한숨이 자녀에게는 어떤 의미로 해석될까? 부모는 자신의 숨소리에 들어 있는 말을 들어 본 적이 있을까? "하지 마."라는 말보다 "휴~." 하고 깊이 내쉰 한숨이 자녀에게는 더 무겁고 힘겨운 말일 수 있다.

248

🪑 자녀가 초등학생일 때 생각해야 할 것

편안하고 조용한 목소리로 맞아 준다

학교에서 돌아오는 자녀를 보면 '오늘 하루 어땠는지', '어떤 일들이 있었는지', 혹시 '걱정될 일들이 있지는 않았을지', '그것을 어떻게 해결하면 좋을지' 부모는 궁금하고 또 궁금하다. 그런데 현관문을 열고 집에 돌아오는 순간 자녀가 가장 원하는 것은 그저 "어서 와~." 하며 맞아 주는 부모의 편안한 목소리이다. 부모의 편안하고 조용한 목소리는 부모가 현재 편안한 상태라는 설명과 집에 별일이 없었다고 하는 안도의 메시지이기도 하다. 많은 감정의 환영이 아니어도 자녀는 충분하다.

일상생활의 작은 것에 집중한다

자녀를 키우는 동안은 매일의 일상이 반복인 것 같지만, 자녀가 초등학생이 되면 학교 수업과 함께 변하는 수많은 일과로 인해 부모가 챙겨야 할 부분이 점점 많아진다. 그런데 그런 일상의 작은 것들을 놓치다 보면 자녀는 학교에서 선생님께 꾸중을 듣기도 하고 친구들에게 준비물을 안 챙겨 오는 아이로 인식되기도 한다. 그 모든 것이 부모 책임은 아니지만 적지 않은 부분에 부모의 역할이 필요하기에 초등학생 자녀를 둔 부모는 일상의 작은 것에 집중할 필요가 있다.

나이에 맞게 독립성을 키운다

자녀가 세상을 살아가기 위해 꼭 필요한 것은 스스로 책임지고 행동하는 일이다. 그런데 독립성을 키우기 위한 시작은 언제부터 하는 것이 좋을까? 자녀의 독립성을 키우기 위해 너무 어린 자녀에게 선택권을 주고 그에 관한 책임을 져야 한다고 가르치는 것이 과연 옳을까?

나이에 맞는 독립의 단계가 있다. 초등학교에 입학하면 가장 먼저 읽기 독립을 시작한다. 그런데 초등학생이 된 후 부모가 자녀에게 책을 읽어 주지 않는다는 건 자녀로서는 슬픈 독립이다. 하지만 필요한 독립이기에 시작하는 것이다. 독립은 독립할 수 있는 준비의 시간을 충분히 가져야 건강하게 이루어질 수 있다. 독립을 위해서는 여러 가지 연습과 준비가 필요하다는 것을 명심하자.

부모도 새로운 도전을 한다

새로운 아이디어와 생각을 하는 이들에게 자녀가 학교에 입학한 뒤부터 생기는 시간은 부모 자신이 원하는 것을 채울 기회이다. 어린 자녀를 양육하는 동안 충분히 참았으니 이제는 부모 자신을 위해서도 시간을 사용하는 것이다. 운동도 좋고, 봉사도 좋고, 새로운 것을 배우는 것도 괜찮다. 가정이 아닌, 또 다른 세상을 향해 부모 자신의 마음이 끌리는 일을 찾아보자.

ENTP 자녀

독창성 넘치는 골목대장

활발하게 다른 사람들과 잘 어울리면서도 자기 목소리가 매우 뚜렷해서 자연스럽게 리더 역할을 맡는다. 논리적·합리적이면서도 명쾌하게 생각하는 데 뛰어나고, 자신의 논리에 관한 확신이 있어서 자신이 옳다고 믿는 바를 잘 굽히지 않는다. 독창성과 상상력이 뛰어나고, 새로운 가능성을 염두에 두면서 생각을 발전시키는 것을 즐긴다.

이들은 활발하고 넉살이 좋아서 다양한 친구와 잘 어울리는 편이다. 자신의 논리와 원칙에 관한 믿음이 확고하고 자기주장이 매우 뚜렷하다. 쉽게 주장을 꺾지 않고, 부모가 정한 규칙도 자신의 생각과 맞지 않거나 공정하지 않다고 판단되면 무시하고 부모의 화에도 개의치 않을 수 있다.

이처럼 자기 목소리가 선명하고 또래 친구들의 마음을 사로잡으면서 분위기를 주도하는 능력이 있어서 어딜 가건 리더 역할을 잘해 낸다. 이들은 다른 사람들에게 영향력을 주고 싶은 마음이 강하기 때문에 스스로 흔쾌히 리더 역할을 맡겠다고 나서는 편이다.

이들은 논리적, 합리적인 생각을 잘한다. 자기 논리의 흐름을 일목요연하게 정리하는 것도 능숙하고, 자기 생각을 군더더기 없이 간결하게 표현한다. 워낙 자기 생각에 관한 자부심과 확신이 강하기 때문에 주장을 쉽사리 꺾지 않으려 하기도 한다. 자신이 납득할 만한 충분한 논리와 뒷받침되는 정보가 없다면 부모의 제안도 잘 받아들이지 않는다.

이들은 독창적이고 상상력이 뛰어나다. 항상 새로운 가능성을 찾고 새로운 시도를 하는 것을 좋아하고, 하나의 문제가 주어져도 여러 각도에서 살펴보면서 다양한 해결 방법을 찾아낸다. 수업 시간에 선생님께서 "A는 B야."라고 알려 주어도, '왜 꼭 B만 답이야? C나 D는 왜 안 돼?'라고 혼자 골똘히 생각에 잠기면서 대개 다른 사람들은 시도하지 않는 방식으로 문제를 해결해 보려고 한다. 그러다 보니 또래 친구들에 비해 너무 앞서 나간 발표를 해서 친구들이 무슨 말을 하는지 이해하지 못하는 경우도 있다. 다방면에 재능이 많아서 여러 가지 다양한 것을 시도하면서 자신의 상상력에 날개를 달아 주는 것을 즐기기도 한다.

이런 부분은 보완이 필요해요

　이들은 자신의 생각에 관한 믿음이 너무 확고해서 친구와 말이 통하지 않는다고 느끼면 "넌 왜 그래?"라고 가차 없이 비난하기도 한다. 이로 인해 친구들이 상처를 받지만 자신의 논리를 너무 고집한 나머지 친구들에게 자신의 말이 어떻게 들릴지에 대해서는 잘 모르는 편이다. 이처럼 '내가 맞고 너는 틀려.' 식의 태도가 너무 완고해지면 다른 사람들에게 이기적이고 자기중심적이라는 인상을 줄 수 있다. 자신의 행동이나 말이 잘못되었음을 나중에 알게 되더라도 나름대로 정당하고 타당한 논리가 있었다고 끝까지 우기는 모습도 보인다.

　이들은 에너지가 넘치고, 자기가 하는 일에 짧은 시간 동안 강하게 몰입하는 반면에 새로운 것에 주의가 쏠리면 기존에 하던 일에 대해서는 관심이 금방 식어 버리고 집중력도 떨어진다. 그래서 여러 가지를 시도하다가 쉽게 질리고, 끈기가 부족한 편이다.

　특히 이미 흥미가 떨어졌는데도 매일 반복적으로 해야 하는 일을 매우 싫어한다. 예를 들어, 방학 숙제로 일기 쓰기가 나온다면 이들은 매우 지루해하고 힘들어하면서 끝까지 미루다가 개학이 다가올 때쯤에야 겨우 밀린 일기를 쓰기 시작한다. 매일 반복되는 어린이집이나 유치원, 학교생활도 지루하다고 불평하면서 "가기 싫어, 재미없어."라고 말할 가능성이 높다.

　이러한 자녀의 성격 특성을 고려해 꼭 생각해야 할 3가지는 다음과 같다.

첫째, 자녀의 고집을 마냥 꺾으려고 하기보다는 자녀에게 나름대로의 논리가 있음을 인정해 주자. 그래야 자녀와 타협할 수 있고, 자녀가 자신의 능력치를 발휘할 의욕이 생길 수 있다.

둘째, 규칙을 너무 강요하지 말고 자녀와 조율을 통해 최소한의 범위로 정해 주자. 그래야 규칙을 따를 것이다.

셋째, 지겹고 힘들더라도 꼭 해야 하는 일의 우선순위를 자녀와 의논하여 정한다. 최우선순위부터 하되 리스트의 마지막 항목은 자녀가 정 하기 싫어하면 그냥 넘기는 식의 유연한 전략이 필요하다.

ENTP 자녀를 둔 당신을 위한 양육법

🪑 자녀가 유아일 때 기억해야 할 것

내 눈에는 하나만 보인다

부모가 반가워서 무조건 앞으로 내달리는 자녀에게 주변을 잘 살피라고 말하는 건 의미가 없다. 이미 자녀에게는 부모밖에 안 보이기 때문이다. 즉흥적이거나 활동량이 많은 자녀를 양육하면 그만큼 위험 상황이 자주 생길 수 있다. 이들과 나들이를 할 때는 가능하면 상황들을 미리 예측해 놓는 것이 좋다. 자녀의 성향을 알고 있다는 건 그래서 더 중요하고 필요한 부분이다.

놀면서 배운다

미취학 자녀를 대상으로 하는 교구와 책, 이제는 학원까지 학습 관련 자료가 너무 많이 나와 있다. 그런데 익히 알면서도 간과하는 부분이 있다. 자녀는 놀면서 배워야 한다는 것이다. 더군다나 활발하고 아이디어가 넘치는 자녀에게는 유아기가 어쩌면 자신의 인생에서 가장 자유롭게 몸을 움직이며 자신의 생각을 경험하고 시도해 볼 수 있는 시기이다. 생에서 유일할 수 있는 자녀의 시간을 가능하다면 자유롭게 영위할 수 있게 해 주자.

매일매일이 새롭고 신기하다

자녀에게 허락된 하루하루가 늘 새롭고 신기하다면 자녀는 얼마나 행복할까? 부모는 자녀의 하루하루가 똑같다고 생각하겠지만, 자녀에게는 하루하루가 날마다 새롭다. 어제보다 오늘 더 자란 키로 어제는 보지 못했던 세상을 좀 더 멀리 볼 수 있고, 공기와 온도의 느낌도 어제와 다르고 아주 새롭다. 그런 새로움 속에서 자녀는 날마다 흥분하며 산다. 그래서 하루하루가 즐겁지 않을 수 없다.

이런 신나는 매일을 보내며 자녀는 부모도 함께 즐겁기를 바란다. 내가 너무 즐겁고 재미있는 이 시간에 엄마, 아빠는 어떤 느낌일까? 문득 자녀가 무척 재미있게 놀다가 부모를 보았을 때 부모의 표정이 어떠하면 좋을지를 생각해 보자.

부모와 자녀가 꿈꾸는 매일은 다르다

옷이 더러워지면 세탁기에 넣어 빨면 된다. 비싼 옷이어서 조심스레 입어야 하는 옷보다 부담 없이 편하게 입을 수 있는 옷이 더 좋다. 예쁜 꽃이 달린 신발보다 신고 벗기 편한 가벼운 운동화가 좋다. 매일 아침 예쁜 머리를 위해 한참을 부모 앞에 앉아 있어야 하는 것보다 질끈 대충 묶고 얼른 밖으로 뛰어나가 친구들과 노는 것이 더 좋다. 부모가 자녀에게 해 주고 싶은 일과 자녀가 부모에게 원하는 것이 너무도 다를 수 있다는 점을 생각하자.

🪑 자녀가 초등학생일 때 기억해야 할 것
마음껏 시도하고 도전해 볼 기회를 준다

자녀의 머릿속에는 항상 하고 싶은 일이 많다. 갑자기 생각나서 너무 궁금하고, 그래서 깊이 생각하지 않고, 그냥 한번 해 보는 것이다. 이 일을 하면 어떤 상황이 펼쳐질지 결과를 생각하기보다 몸이 먼저 움직이다 보니 위험한 결과가 생기기도 하고 예측하지 못한 일들이 일어나게 된다.

중요한 것은 자녀에게는 일부러 위험하게 할 의도가, 좋지 못한 결과가 나올지도 모른다는 예측이 전혀 없었다. 자녀는 그저 궁금한 일을 해 본 것뿐이다. 이상한 일, 잘못된 일들의 시도가 아니다. 그러니 부모 곁에서 자녀가 궁금증을 마음껏 시도하고 도전해 볼 기회를 제공해 주자.

'숫자 5까지 세기' 습관을 들인다

이들은 뭔가 생각이 나면 일단 움직이며 생각하기 시작한다. 이건 누구의 탓이나 잘못이 아니다. 그냥 그렇게 태어난 내 자녀의 '웃픈' 강점이다. 그런데 이런 일이 자녀를 위험하게 하거나 주변 사람들을 힘들게 할 수도 있어서 자녀에게 부정적 피드백이 돌아올 수도 있다. 그래서 자녀에게 '숫자 5까지 세기' 습관을 들여 줄 필요가 있다. 뭔가 하고 싶은 일이 생각났을 때, 갑자기 심장이 두근거리는 설레는 일을 발견했을 때 움직이지 말고 5까지 숫자를 세게 하는 것이다. 숫자를 세는 동안 잠시 진정이 되거나, 생각이 정리되지는 않더라도 잠깐 멈추어 행동의 속도를 늦출 수 있다.

무엇이든 즐길 줄 아는 능력가이다

긍정의 아이콘이자 도전의 아이콘인 자녀를 가만히 들여다보면 세상 모든 것에 가능성을 가지고 있다. 무모한 일도 자신의 역량과 환경은 전혀 상관하지 않고 "할 수 있다, 하고 싶다."고 말하는 근거 없는 자신감의 대명사이다. 그러나 뭐 그러면 어떤가? 이제 고작 세상에 태어나 10년 남짓 살아온 자녀에게 세상이 뭐든 할 수 있다고 여겨지는 건 어쩌면 무척 부러운 강점이 아닐까? 실패나 힘겨움을 '보기보다는 할 수 있을 것 같은, 한 번쯤 해봄 직한 일'로 변화시키는 능력 있는 자녀이다.

활발함 뒤에 작고 여린 모습이 숨어 있다

이들은 성격이 활발하고 행동이 커서 듬직하거나 단단해 보일 수 있지만 마음은 여리다. 부모와 주변 사람들에게 참 좋은 사람이 되고 싶고, 그러기 위해 나름 자신의 방식으로 애를 쓰는데, 결과가 만족스럽지 않을 때는 부끄러움과 속상함을 겉으로 더 큰 행동과 목소리로 표현한다. 그 뒤에 작고 여린 또 다른 자녀가 숨어 있지 않은지, 눈치채지 않도록 조심스레 확인해 보자.

저를 보면서 '우리 애는 누굴 닮아서 이렇게 고집이 셀까?'라는 생각 자주 하시죠?

제가 계속 제 뜻을 굽히지 않으려고 해서 엄마, 아빠는 어이없고 화날 때도 많을 거예요. 하지만 제가 억지를 쓰는 건 아니에요. 전 다만 제 논리에 자신이 있을 뿐이에요.

제 생각을 이야기하기 전에 저는 속으로 이것저것 엄청 많이 따져 봐요. 하나의 문제에 대해서도 답이 여러 개가 될 수 있으니까 다 찾아봐요. 그러다 보니 저는 제 생각이 맞다고 믿어요. 자신 있어요. 제 생각이 나름대로 일리 있다는 걸 알아주셨으면 해요.

엄마, 아빠도 제가 자꾸 우기는 것 같으면 화가 나잖아요? 저도 엄마, 아빠가 제 생각을 정당한 이유 없이 꺾으려고 하면 속상하고 기분 나빠요. 그러니까 우리가 서로의 생각을 잘 들어 주고 각자 일리 있다는 걸 인정해 줄 수 있으면 좋겠어요.

마냥 제 입장을 이해해 주고 넘어가긴 어려우시다고요? 그래도 "지겨워도 참아."라는 식으로 무작정 말씀하시면 전 받아들이기 힘들어요. 대신 지겨워도 해야 할 일의 우선순위를 저랑 같이 정해 주셨으면 좋겠어요. 논리적으로 납득이 되면 저도 지겹고 힘들어도 조금 더 참고 해 볼 만한 끈기가 생길 거예요.

부모-마음을 나누는 이야기꾼
자녀-사람에게 관심 많은 감성쟁이

에너지 흐름	☑ 외향적	☐ 내향적
정보 수집	☐ 경험 중심	☑ 가치 중심
중요한 결정	☐ 논리적	☑ 관계적
생활 양식	☑ 계획적	☐ 융통성
마음의 이정표	☐ 생산성	☑ 의미
	☐ 인간미	☐ 진리
태도의 기준	☐ 진지한	☐ 행동화
	☐ 관망	☑ 추진력
타고난 기질	☐ 보호자	☑ 이상가
	☐ 장인	☐ 합리적
적응 방식	☐ 현상 유지	☐ 행동 먼저
	☐ 생각 많음	☑ 변화 추구

마음을 나누는 이야기꾼

　육아와 여러 가지 일을 질서 정연하게 관리하면서 많은 일을 동시에 효율적으로 해내는 부모이다. 특유의 사교성을 발휘해서 자녀가 다른 사람들과 어울릴 수 있는 자리를 마련해 주고, 인간관계에서 즐거움을 경험할 수 있도록 격려해 준다. 자녀와 서로 마음을 터놓고 나누면서 보다 깊게 이해하고 가까워지는 법을 실천한다.

　이들은 마음을 따뜻하고 분명하게 표현하는 데 뛰어나다. 그래서 자녀는 부모가 무엇을 느끼는지 쉽게 이해할 수 있다. 자녀의 느낌과 강점을 빠르게 파악하고 이에 관한 공감과 격려도 잘해 준다. 자녀가 상상의 나래를 펼치면서 상상 속에서 혼자 공주님, 왕자님이 되어 보고 괴물도 물리치면 부모도 특유의 상상력을 발휘해서 자녀의 상상 속으로 잘 어우러져 들어간다. 그렇기에 자녀는 부모에게서 충분히 이해받는다는 느낌을 받는다.

이들은 사교성이 뛰어나고, 어딜 가건 다른 사람들하고 쉽게 친해지고 원만하게 지낸다. 그렇기 때문에 자녀에게도 가족, 그리고 가족 이외의 다른 사람들과 관계를 잘 맺을 수 있도록 여러 모로 도와주고 격려해 준다. 자녀가 다른 사람들과 좋은 관계를 맺고 행복과 만족감을 얻을 수 있도록 주의를 기울인다.

이들은 주변 상황이 원활하게 돌아가도록 효율적으로 정리하고, 이를 관리할 계획을 세워서 적극적으로 추진하는 것을 잘한다. 자녀의 일상생활과 여러 일정도 효율적으로 조직하고, 일과가 막힘없이 흘러갈 수 있도록 관리하는 능력이 탁월하다. 자녀가 아침에 일어나서 밤에 잠들기까지 하루의 생활에 대해 몇 시에 일어나서 무엇을 하고, 어디를 가는 등의 순서와 규칙을 정하고, 체계적인 구조를 만든다.

이러한 규칙과 구조를 활용하여 육아도 질서 정연하게 해낸다. 만약 직장생활을 병행하고 있다면 육아와 직장의 양립도 구조를 잡아서 에너지를 분배하여 지낸다. 그래서 다른 사람들의 눈에는 '슈퍼맘' 혹은 '슈퍼대디'로 보일 정도로 많은 일을 효율적으로 이루어 낸다.

 ## 이런 부분은 고려해야 해요

이들은 자녀의 고통에 민감하기 때문에 자녀가 어려움을 겪고 있으면 그것을 보는 것도 힘들어한다. 그러다 보니 그 상황을 어떻게든 해결하려고 하면서 자녀에게 간섭할 수도 있다. 예를 들어, 자녀가 친구와 다투고 속상해서 방에서 울고 있는 모습을 보면 이들은 그 상황에서 제일 나아 보이는 방법대로 따르도록 자녀를 밀어붙인다. 자녀에게 과도하게 몰입한 나머지 자녀의 문제를 자녀 스스로 해결할 기회를 부모가 대신 가져가 버리게 되는 것이다.

이들은 주변 상황을 질서 정연하게 정리하기를 좋아하는 만큼 한 번 시작한 일은 깔끔하게 마무리하고자 하는 마음이 강하다. 하지만 자녀를 키우다 보면 일의 마무리가 마음 같지 않을 때가 많다. 흔히 발생하게 되는 상황이지만, 특히 이들은 이러한 상황에서 이러지도 저러지도 못하고 스트레스를 쉽게 받는다. 일단 자녀와 놀아 주기로 선택해도 정작 마무리하지 못한 일이 머릿속에서 계속 맴돌다 보니 자녀와의 놀이에 온전히 집중해서 재미있게 놀아 주지도 못하고 마음만 복잡해지기도 한다.

이 유형의 성격적 아킬레스건을 보호하기 위한 3가지 포인트는 다음과 같다.

첫째, 자녀의 일과 관련해서 답답함, 화 등의 감정이 격렬해지면 유머를 활용해서 관점을 전환해 보자. 의식적으로라도 상황에 대해 웃어넘기면서 자신의 감정을 바라볼 기회가 생기면 격한 감정을 다스리는 데 도움이 될 수 있다.

둘째, 자녀와 일 2가지 모두 자신이 만족스러울 만큼 수준 높게 할 수 없음을 받아들이고, 마음속에서 타협 가능한 적정선과 우선순위를 정하자.

셋째, 자녀를 등원, 등교시키거나 재우고 나서 갖는 혼자만의 시간 동안에라도 자신만의 규칙적인 일상을 꾸리고, 그 안에서 한숨 돌릴 여유를 가져 보자.

ENFJ 부모를 위한 양육법

🪑 자녀가 유아일 때 생각해야 할 것

자녀 양육을 부모가 모두 책임질 수는 없다

자녀를 키우고 가정을 돌보는 것은 주 양육자가 잘한다고 해서 아무 문제가 없는 것이 아니다. 그렇게 따지면 세상에 아픈 자녀가 한 명도 없어야 하고 마음을 다친 자녀가 없어야 하는 게 맞다. 자녀를 키우는 건 전적으로 부모가 책임질 수 있는 일이 아니다. 자녀는 시간이 키우기도 하고, 자연이 키우기도 하고, 환경이 키우기도 하고, 부모가 키우기도 한다. 자녀를 모두 책임질 수 있는 부모는 없다. 양육은 그렇게 될 수 없는 것이다.

이야기로 상상 여행을 떠난다

부모가 수다쟁이면 자녀가 말을 금방 배운다고 한다. 부모의 풍성한 표현과 설명, 그에 더하여 말할 때 함께 보여 주는 부모의 행동들로 이야기를 나누는 모든 순간이 영화 같을 것이다. 부모가 가진 '말하기'의 강점으로 자녀와 함께 달나라도 가고, 별나라도 가고, 배를 타고 바닷속 여행도 해 보자.

에너지 충전의 시간이 필요하다

자녀와 많은 시간을 보내는 동안 부모가 기존에 가지고 있던 친구 관계와 유지해 오던 사회적 관계에 단절이 생길 수 있다. 이런 부분은 자녀 양육에서의 만족감으로 충분히 채워질 수 없다. 이런 불편한 마음들이 조금씩 부모의 마음에 쌓이다 보면 세상에서 가장 위대한 일을 하는 지금 자신의 시간이 그저 의미 없고 덧없는 일상으로 바뀔 수도 있다. 내가 하고 싶은 일을 위해 자녀의 양육을 미루는 것이 아니라 자녀 양육의 시간을 더 즐기기 위한 나만의 에너지 충전 시간이 필요하다. 하루에 30분이어도 좋다.

자녀 양육 계획표를 세운다

양육을 위해 지금 해야 할 일과 나중에 해야 할 일에 관한 기준이 없다면 그저 감정과 상황에 따라 자녀를 양육하게 될 수 있다. 유아기 자녀는 발달 단계가 있고 성장의 평균 기준이 있다. 이 시기에 반드시 이루어야 하고 반드시 성장해야 하는 부분에 관한 정보와 지식을 기준으로 자녀 양육 계획표를 세워 보자.

🪑 자녀가 초등학생일 때 생각해야 할 것

"안 돼."의 의미를 구별한다

자녀가 어떤 요구를 했을 때 "안 돼."라는 표현은 그 자체로 자녀에게 부정적인 말을 했다고 착각하는 오류를 범할 수 있다. 그 말을 듣고 자녀가 실망스러워하거나 울먹이면 더욱 그런 느낌이 든다. 그런데 부모가 "안 돼."라고 하는 거절의 상황이 그저 단순한 거절인지, 아니면 정말 어찌할 수 없는 상황 때문인지, 혹은 자녀를 보호하고 교육하기 위한 것인지 구별해 보자. 필요한 순간의 "안 돼."는 거절이 아닌 보호 또는 인내를 경험하게 하는 소중한 순간이다.

자녀의 능력을 운용하는 기술이 뛰어나다

이들은 자녀가 가지고 있는 능력들을 파악하고, 자녀가 능력을 발휘할 수 있는 과제를 제안하며, 그것에 대해 만족도까지 체크하여 도움이 되는 새로운 제안을 자녀에게 끊임없이 제공해 준다. 이에 더하여 부모의 신뢰와 사랑까지 추가하였으니 이보다 자녀 양육에 완벽함이 더 있을까? 자신의 양육 스타일을 스스로 믿자.

공감이 전부가 아닐 수도 있다

학교생활이나 교우 관계에서 힘들다고 말하는 자녀에게 부모의 정서적 지지와 공감은 충분한 위안과 힘이 되어 줄 수 있다. 그런데 그다음이 필요할 때도 있다. 자녀는 부모가 정서적으로 충분히 공감해 주고,

자신을 안아 주며 "힘들었지?"라고 말해 준 후, 내일 학교에 가서 그 힘든 시간을 어떻게 지내면 좋을지에 관한 방법을 부모에게서 듣고 싶을 수도 있다. 정서적 공감이 중요하지만 실제로 어떤 해결 방법을 자녀에게 제안해 주는 것도 부모가 해야 할 일 중의 하나라는 것을 기억하자.

다른 사람이 뭐라 해도 상관없다

다른 사람의 평가나 주변의 시선에 매우 민감하게 반응하는 부모는 센스 있고 배려심이 많아 보인다. 그런데 자녀에 대한 시선은 놓치고 있지 않은지 생각해 보자. 나를 보는 다른 사람의 시선보다 나를 보고 있는 자녀의 시선에 더 민감하게 반응해야 할 순간이 있다. 때로는 나의 행동에 자녀가 불편해하지 않는지, 불안해하지 않는지, 혹은 부끄럽게 여기지 않는지 살펴보자. 다른 사람이 아닌 자녀를 놓치지 말자.

ENFJ 자녀의 재발견

사람에게 관심 많은 감성쟁이

감정이 풍부하고 따뜻한 마음을 지니고 있다. 다른 사람의 기분도 빠르게 눈치채고 배려하는 면도 두드러진다. 사람들에게 관심이 많고, 사람들과 두루두루 어울리면서 사랑받는 것을 좋아한다. 자신이 맡은 일이나 정성을 다하고자 하는 관계에 대해서 책임감이 강하다.

이들은 감정이 풍부하고 감수성이 예민하다. 다양한 감정을 느끼고, 다른 친구의 기분이 어떤지도 빠르게 알아채는 센스가 있다. 정이 많고 다른 친구들에게 친절하게 배려해서 때로는 다른 사람의 기분까지도 자기가 먼저 나서서 걱정하기도 한다. 사람들의 기분에 민감하다 보니 다른 친구가 곤란한 상황에 놓였을 때 마치 자신의 문제인 양 나서서 해결해 주려고 하면서 오지랖을 부리기도 한다. 하지만 기본적으로 따뜻한 마음이 깔려 있기 때문에 친구들도 이들의 오지랖을 불쾌해하지 않고 좋아하는 경우가 많다.

이들은 사람들과 어울리는 것을 좋아한다. 어린이집이나 학교 일과가 끝난 이후에도 친구집에 놀러 가서 함께 시간을 보내기를 좋아하고, 학원을 새로 등록할 경우에도 수업 내용, 학원 선생님 등에 대해 찬찬히 따져 보기보다는 친구가 다니는 학원에 등록하고 싶어 한다.

이들은 다른 사람들에게 사랑받고 싶은 마음이 강하고, 인정과 칭찬을 받을 때 자신의 일에 더 열중하고 더욱 잘하고자 하는 의욕도 강해진다. 자신이 처한 상황에서 긍정적인 면을 잘 찾아내는데, 이는 사람에게도 똑같이 적용된다. 특히 자신이 마음을 연 사람에게는 무한 긍정의 힘을 발휘해서 바라본다.

이들은 자신이 세운 목표는 무슨 일이 있어도 끝까지 해내려고 하는 책임감과 끈기가 강하다. 잘하고 인정받고 싶은 마음도 커서 주어진 과제를 완벽하게 해내기 위해서 많은 에너지와 시간을 쏟는다. 자기가 좋아하고 잘해 주고 싶은 사람이나 정성을 다하기로 마음먹은 사람과의 관계에 대해서도 끝까지 최선을 다하는 면이 있다. 이렇게 강한 책임감이 돋보이기 때문에 주변 사람들에게 신뢰감을 준다.

 이런 부분은 보완이 필요해요

이들은 사람을 좋아하고 마음도 여리다 보니 주변 사람에게서 비난을 받으면 마음에 상처를 크게 입고 급격히 움츠러든다. 예를 들어, 어질러진 자녀 방을 보고 부모가 자녀에게 "왜 그랬니?"라고 말할 경우, 약간 핀잔하듯 말했더라도 그리 심각하게 비난하려는 의도는 없었는데 자녀는 크게 받아들이고 상처를 받는다. 이들은 섭섭하더라도 겉으로는 티를 잘 내지 않기 때문에 주의를 기울여 살펴 줄 필요가 있다.

이들은 책임감이 강하고 인정받고 싶은 욕구도 크다 보니 과제든 사람들과의 관계든 매사에 최선을 다한다. 하지만 몸은 하나인데 일과 관계 모두에 에너지를 쏟으니 알게 모르게 무리하게 되는 경우가 많다. 겉으로 티는 잘 내지 않지만 마음속으로는 조바심을 내고 불안해하기도 한다. 매사에 맡은 바를 책임감 있고 완벽하게 해내서 무엇을 하더라도 마냥 흐뭇하고 대견해하지만 말고 혹시 자녀가 남몰래 무리하는 것은 아닌지 신경 써서 관찰할 필요가 있다.

이러한 자녀의 성격 특성을 고려해 꼭 생각해야 할 3가지는 다음과 같다.

첫째, 자녀에게 비난조로 들리는 말을 하지 않도록 주의하자. "왜 그렇게 산만하게 어질러 놨니?"보다 "바빠도 옷이랑 책 정리는 해 줬으면 좋겠어."라는 표현을 사용하여 부모의 뜻을 전하자.

둘째, 자녀가 좀 더 느긋해지고 여유를 가질 수 있도록 "다 잘하지 않아도 괜찮아.", "못하는 게 좀 있어도 ○○는 충분히 괜찮아."라고 다독여 주자.

셋째, 매사에 최선을 다하려고 하더라도 모든 것을 잘할 수 없음을 자녀에게 알려 주고, 자녀가 가장 중요하게 여기는 것들부터 우선순위를 정하는 연습을 해 보자.

ENFJ 자녀를 둔 당신을 위한 양육법

🪑 자녀가 유아일 때 기억해야 할 것

심장과 심장이 닿게 꼭 안아 준다

눈물이 많은 자녀는 양육하기가 쉽지 않다. 그 눈물의 의미가 무엇인지 부모가 정확히 알 수 없기 때문이다. 그래서 허둥지둥 부모가 짐작할 수 있는 것들을 자녀에게 주어 울음을 그치도록 애쓴다. 이런 경우 자녀가 우는 이유를 찾기 전에 그냥 꼭 안아 주자. 자녀가 조금 답답하다 느낄 만큼의 힘으로 꼭 안아 주자. 그렇게 힘 있게 안으면 자녀는 안정감을 느끼면서 진정할 것이다. 자녀가 진정한 다음에 원인을 찾자.

직접 체험하며 머릿속 상상을 밖으로 꺼내게 한다

상상하고 생각하는 것들을 아직 말로 표현하기 서툰 유아기 자녀라 할지라도 자기 생각을 밖으로 표현하여 나누고 싶은 욕구가 있다. 자기 생각을 엄마가 알아주면 좋겠고, 아빠와 같이 더 많은 상상을 하고 싶어 한다. 그런데 자신이 상상한 것들을 부모에게 전달할 방법이 없어 힘들어한다. 그럴 때는 부모가 먼저 자녀가 할 수 있는 표현 방법들을 제시해 주자. 목욕탕에서 비누 거품으로 욕실 벽에 그림을 그리게 해도 좋고, 밀가루로 풀을 쑤어 그곳에 색을 입혀 풀그림을 그리게 해도 좋다. 그런 식으로 자녀는 직접 체험하며 머릿속 상상을 밖으로 꺼내어 부모와 나눌 수 있다.

책은 꼭 앉아서 읽지 않아도 된다

부모에게는 책장 가득 자녀의 책들을 꽂아 놓고 자녀와 나란히 앉아 책을 읽는 로망이 있다. 그런데 책읽기에 대해 먼저 생각해 볼 게 있다. 책은 꼭 앉아서 읽어야 할까? 책은 꼭 읽어야만 할까? 부모에게 책은 읽어야 할 양서이지만 자녀에게 책은 딱딱한 네모 모양의 종이로 이루어진 물건이다. 그래서 책으로 탑도 쌓을 수 있고, 성도 만들 수 있고, 다리도 만들 수 있다. 자녀의 세상에서는 무엇으로도 사용될 수 있다는 가능성을 잊지 말자.

또래 안에서 배운다

이들은 혼자 있는 것보다 친구들과 함께 있는 것을 좋아한다. 그렇게 친구들과 함께 자기들끼리 나누어 주는 것도 배우고, 주장하는 것도 배운다. 또래 친구들 사이의 다툼은 부모들이 생각하는 싸움과는 다르다. 자녀의 다툼은 자기 생각을 주장하는 연습이고, 원하는 것을 참아 내는 연습이고, 나 아닌 다른 사람의 감정을 고려해야 하는 연습이다. 속상하지만 혹은 부끄럽지만 어려운 일을 해야 하는 훈련이기도 하다. 또래 친구들 속에서 자녀가 클 수 있도록 기회를 만들어 주는 노력이 필요하다.

🪑 자녀가 초등학생일 때 기억해야 할 것

마음을 다 주지 않는 연습이 필요하다

이들은 친구들의 고민과 걱정거리를 모두 자기 일처럼 가지고 들어와 고민하고 걱정한다. 친구가 속상한 일을 마치 자기 일처럼 앞장서서 싸워 주기도 하고 대변해 주기도 한다. 그런데 그렇게 친구의 마음을 함께해 준 자녀에게 긍정적 반응이 있으면 좋으련만 다음날이 되면 편들어 준 친구 때문에 정작 내 자녀가 상처를 입을 수도 있다. 친구의 일을 자기 일처럼 속도를 제어하지 않고 마음을 쏟는 자녀에게 '나의 마음과 친구의 마음이 매 순간 같지 않을 수 있다.'는 것을 알려 주고, 마음을 모두 주어 마음이 비지 않게 하는 연습을 하게 할 필요가 있다.

책임감의 무게를 확인해 본다

책임감이 강한 자녀는 부모에게는 휴식 같다. 뭐든 자신이 알아서 자기 일을 챙기고 계획하고 해결하니 말이다. 그런데 책임감이 강하다는 건 말 그대로 자녀가 스스로 지는 책임의 무게가 무겁다는 의미이다. 자기가 선택하거나 계획한 일은 어떻게든 잘해 보려고 애쓰고, 그 것에 대해 자신을 독려하고, 조금 더 심하면 자신을 채찍질하며 목표를 달성하려고 한다. 이런 경우라면 아직 어린 자녀가 가진 책임감의 무게를 확인해 볼 필요가 있다. 부모가 가볍게 말한 자녀에 대한 장래 희망까지 자녀가 작은 어깨 위에 짊어지고 있을지도 모르기 때문이다.

눈에 보이는 칭찬을 해 준다

칭찬의 힘은 강조해도 지나침이 없다. 그런데 어떻게 칭찬을 하는 것이 바른 칭찬인지에 대해서는 생각해 볼 필요가 있다. "잘했어.", "최고야.", "멋진걸." 같은 칭찬은 공허한 소리에 불과하다. 소리는 눈에 보이지 않지만, 칭찬은 눈에 보인다. 자녀의 행동에 관한 구체적 코멘트, 자녀가 열심히 쓴 알림장에 대한 반응, 동생에게 나누어 준 장난감에 대한 환호 같은 칭찬을 해 주는 것이 좋다.

말하면서 생각이 선명해진다

말하기를 좋아하는 자녀는 자신의 여러 가지 느낌이나 생각을 말로 표현하는 것에 어려움이 없다. 자신이 생각하고 느낀 것을 말로 표현하기 위해 집중하고 그것을 밖으로 전달하기 위해 좀 더 구체화하는 과정에서 생각과 내용이 선명해진다. 이렇게 선명해진 생각들은 현실에서 구체화하여 나타나거나 친구에게 도움을 줄 수 있는 행동으로 변하여 긍정적 시너지를 만들기도 한다. 혼자 중얼중얼하며 많은 이야기를 하는 자녀에게 배운 것들을 직접 설명해 보게 하자. 자녀가 알고 있는 것들을 엄마, 아빠에게 말해 달라고 하면 자녀는 부모의 무대에서 주인공이 될 것이다.

일단, 우리 여기 나란히 앉아서 얼굴 보면서 이야기할까요? 저는 이렇게 '함께' 하는 것을 참 중요하게 생각해요. 특히 제가 사랑하는 사람들이라면요.

아빠는 저에게 잘 살펴보면서 마음을 주고 믿으라고 말씀하셨지만, 저는 이미 마음이 간 친구에게는 객관적이고 중립적인 생각을 하기가 어려워요. 세상에서 제일 어렵고 싫어하는 것이 밀당이에요. 마음을, 감정을 어떻게 조절하죠? 그래서 저에게 감정을 빼고 말하고 생각하라고 하실 때 참 어려운 것 같아요.

저는 생각보다 욕심도, 열정도, 의리도 많아요. 그래서 제가 하는 노력들이 좋은 결과로 나오는 것이 중요하고, 그 과정과 결과에 대해 함께 축하해 주시고 인정해 주시면 좋겠어요. 부족한 점보다는 잘하고 있는 부분을 말씀해 주시면 교만해지지 않으면서도 자신감이 생겨서 더 잘할 수 있어요.

저는 생각보다 상상을 많이 하고, 상상을 실제로 실현하는 것도 좋아해요. 가끔 제 생각을 물어보실 때 저는 많은 것을 생각하고 대답할 때도 있지만, 지금의 느낌과 생각을 바로 말할 때도 있어요. 그러니 이랬다저랬다 한다고 생각하시지 말고 새로운 생각이 추가되었다고 생각해 주시면 좋겠어요.

저는 사랑하는 사람들을 위해서라면 무엇이든 할 수 있어요.

ENTJ

부모-리더십과 문제 해결의 대명사
자녀-원칙에 충실한 리더

에너지 흐름	☑ 외향적	☐ 내향적
정보 수집	☐ 경험 중심	☑ 가치 중심
중요한 결정	☑ 논리적	☐ 관계적
생활 양식	☑ 계획적	☐ 융통성
마음의 이정표	☐ 생산성	☐ 의미
	☐ 인간미	☑ 진리
태도의 기준	☐ 진지한	☐ 행동화
	☐ 관망	☑ 추진력
타고난 기질	☐ 보호자	☐ 이상가
	☐ 장인	☑ 합리적
적응 방식	☐ 현상 유지	☐ 행동 먼저
	☐ 생각 많음	☑ 변화 추구

리더십과
문제 해결의 대명사

　자녀가 혼자 힘으로도 문제를 해결할 수 있도록 분석적, 논리적으로 대화하면서 격려해 주는 법을 아는 부모이다. 자녀를 보살피고 성장시키겠다는 목표를 달성하기 위해, 여러 가지 규칙과 질서로 구성된 명확한 시스템을 구축할 수 있다. 지도력과 통솔력을 발휘해서 가족들을 효과적으로 지휘하는 리더가 되기도 한다.

　이들은 지도력과 통솔력을 갖추고 여러 사람을 효과적으로 이끌어 가는 타고난 리더의 특성을 갖고 있다. 자녀를 대할 때에도 특유의 리더십이 예외 없이 발휘된다. 다양한 가족 구성원의 욕구를 동시에 채워 주기 위해서 일정과 계획을 실행하는 최적화된 시스템을 만들어

내고, 명확한 가이드를 공유한다.

이들이 제공하는 체계적인 가정 내 시스템 덕분에 자녀는 자신이 공정한 대우와 보살핌을 받는다고 느낄 수 있다. 시스템의 명확한 기준에 따라 허용되는 범위 안에서는 자녀의 의지대로 무엇인가 선택하고 자율적으로 행동하는 경험도 할 수 있다.

이들은 분석력과 문제 해결 능력이 돋보이는 특성도 갖고 있다. 자녀가 어리더라도 자녀의 고민을 진지하게 귀 기울여서 듣고 이를 어떻게 해결할 수 있을지에 대해 전략을 세운다. 이때 부모가 직접 해결할지, 아니면 자녀가 스스로 문제를 해결하도록 할지에 대해서도 동시에 판단한다.

이들은 가급적 자녀가 혼자 힘으로 문제를 해결하도록 격려하는 방향을 선호하는데, 상황에 숨어 있는 여러 다양한 의미를 분석하고 논리적으로 연결시켜 대화를 통해 설명해 준다. 다만 말랑말랑한 언어의 교류는 아닐 수 있다. 따라서 자녀들은 부모의 양육에 대해 존중해 준다고 느끼기도 하지만, 때로는 부모가 자신을 덜 도와준다고 생각하고 섭섭함을 느낄 수도 있다.

이런 부분은 고려해야 해요

이들은 체계적인 계획을 세우는 것은 탁월하지만, 융통성 있게 계획을 변화시키는 것은 상대적으로 서투르다. 이들의 생각은 실행력과 연결되어 있기 때문에 완결되지 않는 것에 찝찝함과 아쉬움을 쉽게 느낀다. 그래서 자신에게 과도하게 엄격해지고 몰아붙이는 경우가 많아 자녀를 다그칠 수도 있다.

이들은 자녀의 불안한 마음을 차근차근 듣고 달래면서 그 불안이 자연스럽게 가라앉을 때까지 기다리는 것을 어려워할 수 있다. 그래서 자녀의 불안과 관련하여 무엇이든 빨리 '해결'하려고 애쓰고 시도한다. 안타깝게도 모든 시도가 늘 효과적인 것은 아니며, 문제를 해결하는 것과 감정을 받아 주는 것이 다르다는 점을 이해할 필요가 있다. 어쩌면 지금의 속상함과 불안한 마음을 함께해 주는 것이 모든 해결의 선행 조건일지 모른다. 문제 해결과 감정은 별개의 것일 때가 많다.

이 유형의 성격적 아킬레스건을 보호하기 위한 3가지 포인트는 다음과 같다.

첫째, 때로는 부모의 체계적인 계획 속에 '아무것도 하지 않는 시간'을 따로 정하여 스스로와 부모의 리더십 아래에 있는 자녀에게 여유를 줄 필요가 있다.

둘째, 완벽함에 관한 부모의 기준을 조금은 느슨하게 풀어 주고 수준을 낮춰 보자. 자신과 자녀에게 완벽을 요구하며 너무 몰아붙이지 않는지 자주 생각해 보자.

셋째, 문제를 해결하는 것과 감정을 받아 주는 것은 서로 다르다는 것을 이해하고, 감정을 문제 해결하듯이 '해결'의 대상으로 바라보지 않도록 유념하자.

ENTJ 부모를 위한 양육법

🪑 자녀가 유아일 때 생각해야 할 것

최고의 리더는 모두의 의견을 조화롭게 모은다

목소리도 크고 무엇이든 척척 해결하는 부모는 자녀에게 동경의 대상이 되기도 하고 든든한 의지처가 되어 줄 수 있다. 그런데 이렇게 부모가 자신의 생각에 확신이 가득한 경우에는 함께하는 배우자의 양육 방식이나 자녀가 원하는 것에 관해 의견을 쉽사리 수용하기 어려울 수 있다. 가정은 누구 한 사람의 의견과 주장에 이끌려 가는 집단이 아니다. 양육도 마찬가지이다. 모두의 의견을 조화롭게 모아 함께 만드는 '우리'를 느끼게 하는 것이 최고의 리더이다.

선택과 집중이 중요하다

이들은 자녀 양육을 과학적인 논리로 접근하기 쉬우므로 선택과 집중이 더욱 중요하다. 결과가 효과적이거나 합리적인 것도 좋겠지만, 자녀가 바라는 것이 덜 유용하더라도 그냥 좋아하는 일이니 시도해 볼 수 있게 허용해 줄 필요가 있다. 부모에게는 불필요해 보여도 자녀가 원하는 것을 얻고 간직하는 모든 과정이 충분히 의미 있는 선택이 될 수 있다.

완벽함은 이룰 수 없는 목표다

아주 세밀한 부분까지 계획을 세워 양육을 해도 늘 변수가 생긴다. 변수의 내용이 생각보다 심각하지 않더라도 이들은 계획에서 벗어난 일이 생긴 것 자체로 머릿속이 하얘진다. 이들은 철저하게 상황을 예측해서 완벽한 양육을 실현하고자 하기 때문이다. 당황하고 완벽하지 못한 양육을 하는 자신을 마주하는 것은 어렵고 속상한 일이다. 그러나 자녀 양육에서의 완벽함이란 처음부터 존재하지 않는 목표이다. 완벽하지 않으니 완벽함을 생각해서 노력하는 것이다.

실수해도 너그럽게 받아 준다

부모가 유아기의 자녀에게 정답처럼 정확히 떨어지는 규칙과 그에 관한 일을 완벽하게 처리해 주면 든든하긴 하지만, 한편으로는 자녀를 긴장시킬 수 있다. 실수로 벌어진 일까지 책임을 물어 훈육이나 교육이 행해진다면 자녀는 매 순간 불편함을 느끼게 된다. 계획을 세우고 정확한 기준으로 자녀를 양육하는 것도 좋지만, 특히 유아기 자녀를 키우는 부모라면 자녀에게 '그럴 수 있다.'는 여유로운 자세가 더욱 요구된다. 어린 자녀가 밥을 먹다가 밥알을 흘리는 것은 잘못이 아니다.

자녀가 초등학생일 때 생각해야 할 것

자녀 맞춤형 코디가 필요하다

이들은 마치 드라마 「스카이캐슬」의 선생님처럼 탁월한 감각으로 자녀의 강점과 약점을 파악하고 그것을 논리적으로 확인하여 자녀를 위한 맞춤형 설계를 계획해 준다. 부모 입장에서는 그저 부모가 제공해 주는 길을 따르면 멋지고 훌륭한 어른이 될 수 있을 텐데 이런 좋은 부모의 지도를 따르지 않는 자녀를 도통 이해할 수가 없다. 그러나 아무리 좋은 계획이라도 자녀가 실행할 수 없다면 자녀에게 맞춤형이 아니다.

아무것도 하지 않고 멍하니 보내는 시간도 필요하다

매 순간 목표를 설정하고 그 목표를 달성하기 위해 노력한다는 것은 좋지만 어려운 부분이다. 목표라는 것은 꼭 '달성'을 위해 세워야 하는 것이 아니다. 목표가 없는 순간이 무가치한 소비의 시간도 아니다. 중요한 목표를 달성하기 위해 때로는 목표를 그냥 세우기만 하는 경험도, 아무것도 하지 않고 멍하니 보내는 시간도 반드시 필요한 여백임을 기억하자. 가정과 부모는 프로젝트를 수행하는 관계가 아니니 말이다.

다른 것일 뿐 틀린 것이 아니다

부모가 충분히 분석하고 꼼꼼하게 생각을 정리해서 제안한 것인데 자녀가 자신의 양육 방향을 따르지 않으면 용납하기가 쉽지 않다. 부모의 생각에 대해 자녀가 다른 의견을 말하면 부모는 가끔 합리적이고 체계적인 부모의 조언을 거절한다고 오해할 수 있다. 그러나 자녀는 그냥 그 순간의 자기 생각을 표현하는 것일 뿐이다. 누가 옳고 그른 것이 아니라 서로 다른 부분을 알게 된 순간일 뿐이다. 부모의 모든 것, 자녀의 모든 것이 아닌 한순간의 다름일 뿐이다. 그 순간의 다름을 허용해 주어야 독립적이고 생각이 건강한 자녀로 힘 있게 성장할 수 있다.

힘을 뺀 부드러운 대화가 필요하다

자신의 주장이 너무 강하다 보면 외로운 섬이 될 수 있다. 아무리 부모가 옳은 의견을 전달하더라도 부모의 주장을 피력하는 말투가 강하면 명령처럼 느껴질 수 있다. 이러한 말투가 반복되면 부모와 자녀가 나란히 앉아 일상을 나누기 어렵게 되며, 서로의 관계가 소원해질 수 있다. 중요한 주장일수록 더 부드럽게, 목소리에 힘을 빼고, 그리고 자녀가 이야기를 잘 들을 수 있는 때를 골라 표현하자.

ENTJ 자녀

원칙에 충실한 리더

성취 욕구가 강하고 좋은 결과를 내기 위해서 자신의 일에 남다른 책임감을 가지고 최선을 다한다. 목표를 세우고 원하는 결과를 내기 위해 거침없이 밀고 나가는 카리스마도 있다. 자신이 옳다고 믿는 원칙에 충실하고, 부당하고 불합리한 것과 불의에 저항하는 용기가 있다.

이들은 원칙을 정하면 끝까지 고집한다. 열심히 생각한 끝에 내린 결론이기 때문에 한 번 정한 원칙에 대해서는 의심의 여지가 없다. 분석력도 뛰어나 여러 상황에서 문제의 핵심을 재빨리 파악한다. 공정함과 논리적 근거를 중시하기 때문에 어른들이 제시하는 규칙이 공정한지, 제대로 된 논리적 근거가 있는지 계속 따져 본다.

이들은 목표를 정하고 이를 실현하기 위해 계획을 세우고, 추진할 때 과감하고 거침이 없다. 과정보다 결과를 중요시하고, 무엇인가 성취해 내는 데 관심이 많다. 게다가 자신이 옳다고 믿는 것에 대해서는 잘 타협하지 않는다. 이러한 특성들이 모여 어리지만 특유의 카리스마가 보인다. 굳이 말로 표현하거나 누군가에게 자신의 뜻대로 하라고 강요하지 않아도 이들의 태도에 이 특성들이 고스란히 드러나기 때문에 주변 사람들이 저절로 카리스마를 느낄 수 있다.

이들은 스스로 알아서 독립적으로 판단하고 행동하는 것을 좋아한다. 자신이 '해내는' 것에 대한 욕구가 커서 다른 사람이 관여하거나, 요청하지 않았는데 도와주거나, 잔소리하는 것을 매우 불편해한다. 다만 자신이 보기에 충분히 공정하고 합리적인 사람이라고 판단이 되면 '조언'의 차원에서 그 사람의 말을 들을 때도 있다. 하지만 그 말도 자신이 생각하기에 납득이 되고 자신의 원칙과 일치하는 선까지만 받아들인다. 이들은 전적으로 누군가가 자신에게 관여하는 것을 달가워하지 않는다.

 ## 이런 부분은 보완이 필요해요

이들은 또래 친구들을 솔직하게 대하며, 친구들과 이야기 나누는 것을 좋아한다. 하지만 친구의 감정을 충분히 살피지 않은 채로 자신이 옳다고 믿는 원칙을 일방적으로 전달하려는 경우가 종종 있다. 친구와 갈등이 생겼을 때에는 상황과 각자의 입장을 객관적, 논리적으로 분석해서 문제를 해결하려고 한다. 하지만 상대방의 마음을 고려하지 않은 상태에서 사실 관계만 살피다 보니 친구 입장에서는 꼬치꼬치 따지는 것으로 느껴져서 부담스러울 수 있다. 타고난 리더십과 카리스마 덕분에 또래들로부터 신뢰를 얻지만 동시에 감정적으로는 다소 부담스러워하고 어려워하기도 한다.

이들은 에너지가 넘치고 매사에 적극적이다. 상황의 핵심을 재빠르게 꿰뚫어 보는 분석력이 뛰어나서 여러 상황에 대해서 빠르게 판단하고 계획을 세우는 것을 어려워하지 않는다. 추진력도 함께 갖추고 있어서 속전속결로 바로 행동하는 경우가 많다. 다만 너무 빠르게 판단하고 결론을 내리기 때문에 때로는 친구들이 일방적이라고 느끼거나 속도를 맞추기 어렵다고 느낄 수 있다. 이들은 자신의 속도가 기준이기 때문에 친구들이 자신처럼 빠르지 않은 것에 대해서 답답해하고 참을성을 잃고 가끔은 몰아붙이기도 한다.

이러한 자녀의 성격 특성을 고려해 꼭 생각해야 할 3가지는 다음과 같다.

첫째, 다른 사람들에게 부담을 주거나 상처가 될 수 있는 자녀의 말들에 대해서 함께 이야기를 나눠 볼 필요가 있다. 왜 그 말이 타인에게는 아프게 느껴질 수 있는지 자녀에게 이해시켜 주는 것이다.

둘째, 어중간하게 자녀를 구속하려고 하지 말고 아예 전적으로 모든 것을 맡기는 것도 좋다. 자녀가 여러 사람의 감정을 포함하여 상황을 보다 폭넓게 살피는 연습을 하는 기회가 될 수 있다.

셋째, 목표를 정하고 계획을 세워 추진할 때 시간을 좀 더 넉넉하게, 기준을 좀 더 여유 있게 잡도록 알려 줄 필요가 있다.

ENTJ 자녀를 둔 당신을 위한 양육법

🪑 자녀가 유아일 때 기억해야 할 것

하기 싫은 일과 하기 어려워하는 일에는 이유가 있다

좋은 것과 싫은 것이 있을 때 자녀가 그것이 좋은 이유와 싫은 이유를 명확하게 전달해 주면 부모가 빨리 이해할 수 있을 텐데 자녀는 그 이유를 설명하지 못한다. 그것이 그냥 좋고 그냥 싫기 때문이다. 딱 맞는 양말을 못 신는다거나 솔기가 도톰한 옷을 못 입는 자녀가 있다. "이걸 왜 못 입어?" 하고 물어도 자녀는 그저 싫다고만 한다. 그런데 이것을 고집이라고 봐야 할까? 고집이 아니다. 자녀가 그 이유를 설명할 수 없을 뿐이다. 단순히 싫다고 자기주장을 하는 것이라고 생각하지 말고, 혹시 불편해서 싫은 것은 아닌지 관찰할 필요가 있다.

생각하고 몸을 쓰는 놀이가 좋다

탐구하고 새로운 것을 알아 가는 것에 흥미를 느끼는 자녀에게는 생각하고 몸을 쓸 수 있는 놀이를 함께 제공하는 것이 좋다. 과학 놀이 키트로 실험 놀이를 하거나, 실제로 만들어 보는 요리 놀이도 좋다.

다만 단순히 놀이에서 끝나는 것이 아니라 그 안에 과학 원리가 숨어 있고, 교육적인 내용이 있다면 자녀는 더 흥미와 관심을 가지고 참여할 것이다. 자녀가 관심 있어 하는 분야의 체험 여행을 계획해 보는 것도 효과적이다.

친구 되는 법을 경험을 통해 스스로 알게 한다

이들은 친구와 어울리는 것을 좋아하지만 관계에서 미숙할 수 있다. 자기의 기준에서 자신이 좋아하는 방식으로 친구들을 대하려고 하다 보니, 친구가 좋아할 만한 행동을 상대적으로 맞춰 주지 못하기 때문이다. 자신의 주장과 색깔이 선명한 자녀일수록 또래와 사람이 많은 곳에 가서 사람들을 탐색하게 하고, 그 사람들 안에서 자신이 어떻게 행동해야 하는지를 스스로 알아 갈 기회를 제공해 주는 것이 중요하다. 사람의 마음을 아는 일은 책이나 교육으로 배울 수 있는 것이 아니기 때문이다. "나랑 친구 하자."라는 말이 모든 친구에게 효과적이지 않음을 이론이 아닌 경험을 통해 확인할 수 있는 환경이 필요하다.

자녀 일정표에 맞춘다

자녀의 일과가 꼭 3시만 되면 낮잠을 자고, 4시에 일어나 간식을 먹고, 6시에는 샤워를 하고, 책을 읽은 다음 9시에는 잠을 자야 하는 식으로 정확히 정해져 있다면 부모가 얼마나 편할까 싶을 것이다. 하지만 반대로 이 일과가 제대로 지켜지지 않는 날에는 자녀의 어마어마한 투정을 감당해야 할 수도 있다. 자녀 일정표에서 예외 상황은 없기 때문이다. 부모는 일정표대로 지켜지지 않을 경우 자녀가 느끼게 되는 불편함을 존중해 줘야 한다.

🪑 자녀가 초등학생일 때 기억해야 할 것

실패의 경험이 오히려 도움이 된다

무엇이든 잘하고 싶은 욕심이 강한 자녀는 부모에게 칭찬도 받고 싶고 주변에서도 인정받기를 원한다. 그 때문에 자신이 달성해야 할 목표를 능력보다 높이 설정하고 그것을 이루기 위해 자신을 채찍질한다. 게다가 완벽해지고 싶어 하는 마음마저 있다. 그러다 보니 자녀가 목표에 달성하지 못할 경우 자기 자신을 용납하기 어려워할 수도 있다. 부모가 아무리 "괜찮아.", "이미 충분해."라고 말해도 자녀는 그 말을 받아들이지 못한다. 자기 논리에 따라 달성해야만 하는 일이기 때문이다.

이럴 때는 실패의 경험이 오히려 자녀에게 도움이 될 수 있다. 한 번도 실패하지 않은 사람은 실패를 극복할 경험도 하지 못하기 때문이다. 초등학교 시기 자녀에게는 성공의 경험보다 어쩌면 실패의 경험 속에서 실패보다 더 중요한, 다시 일어나는 회복 능력의 훈련이 더 필요하다.

주장이 옳고 그름은 보는 시각에 따라 나뉠 수 있다

본인의 생각에 대해 동의하지 않는 의견을 접하게 되면 자녀는 우선 겁이 난다. 본인은 절대 틀릴 일이 없다고 확신하고 제안한 주장이기 때문이다. 그래서 동의를 받지 못하면 더 큰 목소리로 주장을 펴거나, 주장이 아닌 다른 것으로 자신이 틀리지 않았음을 증명하려고 한다.

이런 자녀에게는 '주장이 옳고 그름은 보는 시각에 따라 얼마든지 나뉠 수 있는 일'이라는 것을 알려 줘야 한다. 내가 보는 선생님의 모습과 나와 마주 앉은 친구가 보는 선생님의 모습이 다른 것처럼 주장이 다른 건 서로의 시각이 다른 것이지 자녀를 부정한다거나 거부하는 것이 아니라는 것을 알려 주는 교육이 필요하다.

힘들 때는 울 수 있는 용기가 필요하다

늘 당당하고 책임감 강한 자녀는 자기에게 주어진 일을 흐트러짐 없이 진행한다. 그래서 부모와 주변 사람들에게 늘 책임감 있고 멋진 자녀라는 칭찬을 받는다. 그런데 자녀가 자기 일에 책임을 지기 위해 노력하고 애쓰는 동안 단 한 번도 힘들다고 느낀 적이 없었을까? 정말 하기 싫다는 생각을 해 본 적이 없었을까? 자녀는 이런 순간을 혼자 참으며 여러 가지 논리적인 이유를 들어 자기를 합리화했을지도 모른다. 차라리 그럴 때 엄마, 아빠에게 힘들다고 말하며 펑펑 울었다면 자녀의 마음이 시원해졌을 수 있다. 눈물을 흘리며 운다는 것이 얼마나 많은 용기가 필요한 일인지 모르는 사람이 많다.

사람에 대한 평가 기준의 폭을 넓혀 준다

좋은 친구는 좋은 이유가 명확하고 좋지 않은 친구는 좋지 않은 이유가 명확하다. 그런데 문제는 어제 좋은 친구가 마음이 바뀌어 오늘은 나를 싫다고 할 수 있다는 것이다. 내 마음은 달라진 것이 없는데 친구의 마음이 달라진 상황이다. 이때 자녀는 어제 좋았던 친구를 오늘 좋지 않다고 말하기가 쉽지 않다. 왜냐하면 자기가 어제 좋은 친구라고 인정하고 판단했기 때문이다. 이들은 한 번 논리적으로 결정한 것에 대해 쉽게 결과를 바꾸지 않는다.

자녀에게 사람은 좋음과 좋지 않음의 두 부류로 나뉘는 것이 아니라 한 사람 안에 좋은 점과 좋지 않은 점이 모두 있다는 것을 알려 주자. 이에 대한 평가는 자녀의 친구 관계, 나아가 학교생활 전반에 영향을 미칠 수 있으니 사람에 대한 평가 기준의 폭을 넓혀 주자.

ENTJ
자녀의 속마음

저는 목표를 한 번 정하면 흔들리지 않고 거침없이 밀고 나가는 데 도가 텄어요. 그러다 보니 어른들도 저를 아이처럼 대하지 않고 좀 어려워해요. 엄마, 아빠도 그럴 때 있으시죠?

하지만 제가 단순히 고집을 부리고 우기는 건 아니라는 걸 알아주시면 좋겠어요. 전 부당하고 불합리한 건 참을 수 없거든요. 불의에는 저항해야 한다고 생각해요. 옳은 건 어떻게든 밀고 나가야죠. 그게 당연한 거 아닌가요? 사람들이 저랑 다르게 생각한다고 해서 쉽게 타협할 거라면 원칙이 왜 필요하겠어요.

그렇지만 제가 이렇게 소신을 굽히지 않다 보니 제 말이 너무 세게 들리기도 할 거예요. 전 그런데 누굴 굳이 공격하고 상처 주려고 하는 건 아니에요. 논리적, 객관적으로 문제를 해결하는 게 제일 중요하니까 사실을 따져 보려 하는 거예요.

엄마, 아빠도 제 말이 너무 세게 들려서 언짢으셨으면 알려 주세요. 잘못은 고쳐야죠. 하지만 제가 부모님 속상하게 만들려고 말을 세게 한 건 아니라는 걸 알아주시면 좋겠어요.

그리고 제가 계획을 세우고 추진하는 속도가 너무 빨라서 때로는 현기증 나시죠? 중요한 게 뭔지 바로바로 제 눈에 띄다 보니, 그걸 빨리 해결하려고 마음이 급해져서 그래요. 그럴 때는 좀 더 천천히 여유 있게 가자고 알려 주세요. 일리 있는 얘기면 저도 바로 받아들일 거예요.

서로의 생각과 마음을 들여다보자

어느 날 마흔이 넘은 나에게 일흔이 넘으신 부모님께서 말씀하셨다.

"내가 정말 미안해. 너무 아는 게 없이 너희를 키우다 보니까 너희들의 표현을 잘 이해하지 못해서 모진 말도 많이 하고, 좋은 거라 생각해서 한 행동들이 너희를 참 아프게 했던 것 같아."

"왜 그런 생각을 했어? 절대 아니야~."

"TV를 보니까 부모가 지혜로우면 아이들이 더 많이 행복할 수 있다는 것을 알겠더라고. 먹고사는 게 바쁘다는 핑계로 너희들 먹이고 입히는 건 정말 열심히 했는데, 어떻게 키워야 하는지를 몰라서 상처 많이 줬겠구나 싶었어. 미안해."

완벽하기 때문에 충분한 것은 아니다. 몰라서 서로 힘들었던 시간, 그러나 그 다름의 차이로 갈등과 함께 인내를 배웠고, 더 큰 사랑을 분명 경험했다.

처음, 이 책에 관해 집필을 의뢰받았을 때 많이 망설였다. 누군가의 성격은 몇 페이지의 글로 설명할 수 있는 부분이 아닌데, 혹시 이 책의 내용 때문에 서로를 이해하고 사랑하는 것이 또 다른 제약을 받을까 봐 고민이 되었다.

그럼에도 불구하고 이 책을 집필한 이유가 있다. 바로 심리 상담 분야 전문가로 활동하면서 상담실, 연구실, 학교, 강연장 등에서 만났던 많은 부모와 자녀의 소중한 숨겨진 이야기를 함께 공유하고 싶었기 때문이다.

그동안 자신의 자녀에 대해 궁금해하는 부모들이, 부모에게 자신의 마음을 제대로 표현하고 싶어 하는 아이들이 정말 많은데, 서로의 생각과 마음이 만나지 못해 아파하는 순간을 많이 목격했다. 더욱 안타까운 것은 가장 중요한 서로가 이 진심과 노력을 알고 느껴야 하는데 오히려 반대로 느끼고 생각하는 순간이 너무도 많다는 것이다.

그래서 많은 부모와 아이가 보여 주었던 삶의 순간과 이야기들을 '성격'이라는 소재를 빌려 각자의 모습을 대신 전하고자 책을 쓰게 되었다.

부모-자녀의 관계에서 서로를 바라보는 마음의 시선에는 사랑이라는 필터가 끼어 있다. 이 필터는 우리를 가끔 더 조급하게 하고, 엄격하게 하고, 서운하게 한다. 또 대충 설명해도 알아듣기를 기대하게끔 우리의 마음을 뒤틀어 놓는다. 물론 더 많이 참게 하고, 서로를 위해 노력하게 하고, 용기 있게 하기도 한다.

성격은 타고난 천성도 있지만 수없이 많은 상황에서 삶에 적응하기 위해 고군분투하며 찾아낸 간절함의 습관이기도 하다. 그래서 어떤 성격이 좋고 나쁘다고 단순히 말할 수 없고, 그 성격 유형이 그 사람 전체를 다 말해 줄 수도 없다.

이 책이 부디 부모들의 반성문이 되지 않기를 희망한다. 다만 충분히 말할 수 없거나, 이해할 수 없는 외로움과 한계의 시간 속에서 서로를 더 제대로 이해하고, 오해하지 않도록 만남의 마중물 한 바가지가 되기를 바란다.